AF561421

MOS DE LAVÈNE

TYPOGRAPHIE DE CH. LAHURE ET Cie
Imprimeurs du Sénat et de la Cour de Cassation
rue de Vaugirard, 9

MOS DE LAVÈNE

SCÈNES ET SOUVENIRS

DU BAS LANGUEDOC

PAR

Mme LOUIS FIGUIER

PARIS

LIBRAIRIE DE L. HACHETTE ET Cie

RUE PIERRE-SARRAZIN, No 14

1859

MOS DE LAVÈNE.

SCÈNES ET SOUVENIRS DU BAS LANGUEDOC.

I

Fabriac est un petit village du bas Languedoc. Assis au pied du mont Saint-Loup, la première montagne de la chaîne des Cévennes, il disparaît presque tout entier sous les majestueuses roches grises qui l'environnent. Ni les arts ni la science n'ont jamais pénétré dans ce coin de terre presque inconnu, dont les habitants ont gardé la simplicité des premiers âges. Cepen dant, malgré les teintes sévères du paysage qui l'entoure, malgré l'âpreté de ses roches, malgré sa rare verdure, son mince filet d'eau et ses maisons pauvres et nues, peut-être même à cause de tout cela, Fabriac offre au touriste un attrait particulier. On y respire un air salubre, pur, vivifiant, qui calme les sens et repose l'esprit fatigué des agitations mondaines.

Par une belle journée du mois de septembre, époque où le midi de la France jouit de son véritable printemps, un jeune voyageur, le sac sur le dos et la tête inclinée, s'était assis sur une petite éminence de gazon jauni. Il venait de quitter la grande route, et, avant de s'engager dans un petit sentier qui mène à Fabriac, il se reposait, plutôt par recueillement que par lassitude, en face du panorama pittoresque qui se déroulait sous ses yeux. Une brise douce et embaumée rafraîchissait l'air. La nature était calme, et les sons les plus affaiblis devenaient perceptibles. On entendait la clochette des troupeaux sur la pente des collines, le roulement, assourdi par les ornières sablonneuses, des charrettes remplies de raisin, et les éclats de rire des vendangeurs qui s'élevaient au loin. Les échos répétaient ces mélodies champêtres, comme les tons gradués d'un mystérieux concert. Tout était harmonie; la pureté du ciel et le calme de l'atmosphère invitaient à la rêverie. Existe-t-il un sentiment plus tristement doux que le souvenir du passé? Lorsque nous faisons renaître dans notre cœur les impressions charmantes ou douloureuses depuis longtemps évanouies, un prestige nouveau ne vient-il pas les revêtir? Le passé est un rêve que nous aimons à caresser; ce qui n'est plus, ce qui ne peut revivre, se pare toujours de séduisantes couleurs.

Le jeune voyageur relisait les premières pages de sa vie. Il était né à Fabriac; son père, *Maître* Étienne Lavène, et sa mère, *Mos* de Lavène, appartenaient à l'aristocratie du village[1]. Aimés et vénérés de tous, ils habitaient la plus

1. Ces dénominations de *maître* et de *mos* ne s'emploient que pour désigner les notables. Dans certaines parties du midi de la France, les titres de *monsieur* et de *madame* ne s'appliquent jamais aux paysans; *maître* et *mos* sont un juste milieu, une sorte de trait d'union entre les deux classes de la société. *Mos*, qui veut dire épouse, dérive de l'espagnol. C'est un des nombreux souvenirs laissés dans le langage méridional par l'ancienne domination espagnole.

blanche, la plus jolie maison de Fabriac. Maître Lavène avait assez de terrain à cultiver pour y employer tout son temps; sa femme, la douce Madeleine, ne s'occupait que du ménage. C'était peut-être le seul couple de Fabriac qui n'eût pas besoin pour vivre de louer ses bras aux agriculteurs des environs, et nul n'avait été surpris de voir le jeune Marcel Lavène envoyé à Montpellier pour y étudier la médecine.

Absorbé dans sa contemplation, l'enfant de Fabriac repassait dans sa mémoire les scènes de son enfance. Il revoyait les petits oiseaux dénichés dans les bois, les fleurs de lavande conquises à la cime des plus hauts rochers, les processions de la Fête-Dieu où sa jeune voix s'élevait dans les airs avec l'encens et les roses effeuillées, les longues soirées de la froide saison qui groupaient les voisins autour d'un feu petillant de sarments de vigne, les visages fatigués des paysans reflétés dans les brillantes bassines de cuivre suspendues au mur. Marcel croyait entendre le cri rauque de sa caille familière qui l'éveillait tous les matins, et le bruit monotone des fléaux à blé dans les lourdes heures de l'été.

Quatre années s'étaient écoulées depuis qu'il avait fallu quitter les joies paisibles du village pour aller à la ville essayer de devenir un savant. Quatre fois les amandiers avaient fleuri, les hirondelles étaient revenues construire leurs nids d'argile, les raisins avaient versé leur jus dans les cuves de pierre. Depuis ces quatre années, les cheveux de maître Lavène et de Madeleine n'avaient-ils pas blanchi? N'allait-il pas voir son père et sa mère courbés sous le poids de l'âge? Et le grand micocoulier de la fontaine avait-il encore ses trois branches feuillues?

Vous qui êtes partis, vous qui êtes revenus, après une longue absence, dans le hameau natal, vous comprendrez l'attendrissement de Marcel.

Quand maître Lavène avait envoyé son fils à Montpellier, il lui avait dit, avec cet orgueil que les Maures ont transmis aux Languedociens : « Tu ne reviendras que lorsque tu seras docteur. » Le vœu de maître Lavène était que Marcel remplaçât le vieux médecin du village; il aspirait au bonheur de le voir, sur un grand cheval blanc, visiter les malades des environs. Marcel avait juré de revenir docteur l'année où ses amis d'enfance partiraient soldats. Les paysans en général écrivent peu ; à Fabriac, ils n'écrivent pas du tout. Marcel avait eu des nouvelles de sa famille par les *troupeliers* (marchands de bestiaux) que les soins de leur commerce amenaient parfois à Montpellier, et qui lui apportaient toujours, dans leurs grands sacs de cuir, quelques cadeaux maternels. Il avait écrit à ses parents une ou deux fois chaque année. Ses lettres avaient fait événement dans cette petite contrée, où le facteur est à la fois chantre, adjoint et laboureur.

On nous permettra maintenant de laisser Marcel plongé dans ses réflexions, et de prendre le sentier qui conduit à Fabriac, afin d'arriver avant lui chez Mos de Lavène.

II

Une modeste fontaine, abritée par des micocouliers de la plus belle venue, jaillit au milieu de la petite place du village. C'est le rendez-vous des commères, qui viennent échanger des caquets en remplissant leurs cruches. C'est sous l'ombre protectrice de ces arbres aux petits fruits parfumés, qu'à la nuit tombante, les amoureux se donnent le baiser du soir; c'est sur le banc adossé à leurs troncs séculaires que les vieillards viennent se réchauffer au pâle soleil d'hiver et fumer leur pipe à la brise des soirs d'été. C'est là que le jour se traitent les affaires sérieuses, pendant que les marmots se livrent à leurs jeux bruyants; c'est là que les querelles se vident et que se forment, le dimanche, les danses joyeuses de la jeunesse. Cette place résume la vie entière du village. D'un côté, s'élève le léger clocher de l'église; en face, la mairie est reconnaissable à son drapeau flottant. Le boulanger, le boucher et le maréchal-ferrant ont leurs boutiques à vingt pas du grand micocoulier. Une branche sèche de pin, suspendue au-dessus d'une lucarne décorée d'un rideau rouge, témoigne que Fabriac n'est pas étranger aux douceurs du billard et de l'estaminet. Enfin, le percepteur ouvre tous les matins ses volets gris vis-à-vis des fenêtres de maître Lavène, qui, en sa qualité de notable, a sa maison sur la place.

Le 4 septembre 185., une activité singulière se manifestait dans le logis de Mos de Lavène, comme au reste dans tout le village. Les ménagères, manches et jupon retroussés, allaient, venaient, exposaient les cuivres, ce luxe de leurs pénates, à la chaude température du jour. Les hommes travaillant aux vignes, la population féminine était la seule qui remplît le hameau de ses cris, de ses labeurs et de son agitation. La fête patronale de Fabriac devait se célébrer le lendemain dimanche. Or, pendant les quelques jours qui précèdent la fête du village dans les provinces du Midi, on se croirait en Hollande, à voir l'exquise propreté qui brille dans chaque logis ; mais bientôt la poussière, la rouille et surtout les mouches, s'amoncellent en couches noirâtres que les ménagères respectent jusqu'à la fête prochaine.

Mos de Lavène était peut-être, de toutes les habitantes du village, celle qui s'acquittait de sa tâche avec le plus de conscience et de dextérité. Agenouillée devant une grande bassine, dans laquelle les rayons du soleil couchant se jouaient en formant une gerbe de feu, la mère de Marcel était si absorbée qu'il fallut plusieurs interrogations d'une fraîche voix de jeune fille pour lui faire relever la tête.

« Ah! ma tante, disait Rose l'orpheline, fille d'adoption de Madeleine, on voit bien que ce chaudron, qui sert à faire les confitures de mon cousin, vous fait penser à lui. Vous vous oubliez ; mon oncle va arriver avec le notaire de Grabel et sa fille, et rien n'est prêt pour les recevoir! »

Mos de Lavène se leva et entra dans la maison de cet air automatique qui montre que, si le corps obéit à l'impulsion d'une volonté étrangère, l'esprit reste complétement indifférent à ce qui l'entoure. La mère songeait en effet à son fils.

Madeleine était une grande femme, si maigre que sa peau jaunie se collait sur ses os. Elle avait vieilli vite, comme il arrive au village, où une vieillesse prématurée succède à la première fraîcheur de la jeunesse. Ses yeux, d'un bleu pâle, avaient une expression d'une douceur infinie. Un mince liséré de cheveux noirs bordait sa blanche coiffe, tuyautée et serrée sur les tempes. Sa robe de laine brune, dont la jupe, trop longue pour une paysanne, n'était pas assez ample pour une dame, avait un corsage juste, avec des manches étroites qui fermaient bien aux poignets, comme il convenait à son rang. Son fichu d'indienne jaune et bleu déployait des dessins à rosaces régulières disparus depuis le premier Empire, et qui ne se retrouvent que sur les épaules des Mos les plus âgées. Un long tablier d'alépine noire complétait sa toilette. Personne ne se souvenait de l'avoir vue autrement, ni à vingt ans, ni à quarante, ni en hiver, ni en été, ni pendant qu'elle avait tremblé de la fièvre dans un vieux fauteuil délabré, ni lorsqu'elle avait bercé son petit Marcel dans ses bras. Seulement, les jours de grande fête ou de grande joie, une chaîne d'or à triple rang entourait son cou ridé; un *clavier*[1] massif résonnait sur son tablier avec un cliquetis argentin, et de longues boucles d'oreilles allongeaient encore l'ovale de sa figure. La mère de Marcel avait dû être jolie: son nez aquilin, la coupe gracieuse de son visage, en étaient un indice certain; mais ses lèvres s'étaient si complétement amincies et décolorées, il y avait si longtemps que ses joues creuses avaient perdu leur embonpoint, que l'on se demandait si jamais personne vivante avait vu ces traits délicats dans toute leur fraîcheur. Pourtant Madeleine avait mené une vie toujours calme. Elle avait vécu dans ce pauvre village, se flétrissant sans regret, sans le savoir peut-être. Elle était née, elle s'était mariée, elle devait mourir, sans comprendre

1. Chaînes d'argent attachées au tablier par un énorme crochet du même métal, et qui servent à supporter les ciseaux et souvent une clef.

l'existence au delà des rochers grisâtres qui semblaient avoir déteint sur elle. Son caractère était si facile et si doux, qu'elle avait toujours plié sous la volonté d'autrui. Enfant, Madeleine avait obéi à son père; femme, à son mari; mère, elle eût obéi à son fils, s'il fût resté près d'elle. L'humble Mos était le type de ces créatures effacées, qui suivent la direction qu'on leur donne avec tant de docilité et d'abnégation, qu'elles sont considérées comme des êtres simplement utiles, dont la mission est de se dévouer à ceux qui les entourent, d'adoucir leur existence, de leur prodiguer des soins et des consolations sans se plaindre jamais. Le côté sublime de ces organisations, c'est qu'elles n'ont pas la conscience de leur rôle et le remplissent par une sorte d'instinct. Madeleine était susceptible d'éprouver pour ceux qu'elle aimait toutes les joies, toutes les tortures de la vie; elle les aurait toujours ignorées, s'il eût fallu qu'elle les éprouvât pour elle-même.

Cependant cette âme si docile à toutes les impressions d'autrui était possédée par un sentiment vif et profond, capable d'inspirer à l'humble Mos les résolutions les plus fermes, les luttes les plus vigoureuses, les dévouements les plus énergiques : c'était l'amour maternel. Comme une flamme mystérieuse, ce sentiment brûlait au fond du cœur de Madeleine; le souvenir et l'espérance l'alimentaient de leurs doux rayons. La Mos passait de longues journées à se rappeler l'enfance de son fils adoré, jadis bercé par sa tendresse et ses chansons. Deux larmes silencieuses coulaient lentement sur ses joues ridées, lorsqu'elle pensait qu'il devenait homme loin d'elle. Puis, un éclair jaillissait de ses yeux et séchait ses pleurs, car à l'idée de l'absence succédait celle du retour. Madeleine se recueillait pendant des heures entières pour songer au jour heureux qui ramènerait Marcel dans ses bras. Il ne la quitterait plus; elle jouirait jusqu'au moment suprême de sa présence et de son affection! Elle désirait vivre longtemps pour suivre la vie de son enfant. Elle ne se sentait jamais seule, car ses journées n'étaient ni assez longues, ni assez silencieuses, ni assez solitaires pour ses tendres rêveries. Souvent, la tête inclinée sur la poitrine, le tricot abandonné sur les genoux et les mains croisées sur son tablier, Madeleine, assise au fond de sa cuisine, avait l'air de dormir, tandis que son cœur veillait, agité par les douces émotions de l'amour maternel.

Pendant que sa nièce mettait le couvert, Mos de Lavène alla passer l'inspection de sa demeure. Au rez-de-chaussée s'étendait une vaste cuisine, décorée, au milieu, d'une longue table massive. Une large cheminée promettait des feux resplendissants et de riches veillées. La couleur noire et reluisante des meubles en bois de noyer jouait l'ébène; les dimensions imposantes de ces meubles vénérables étaient en harmonie avec l'aspect de la salle basse, et indiquaient qu'ils n'appartenaient pas à de simples paysans. D'un côté, une porte ouvrait sur une petite écurie, où le *Gris*, l'âne pacifique du logis, donnait l'hospitalité au cheval du notaire, qui venait, une fois la semaine, effaroucher une nuée de volatiles criards. Une autre porte conduisait au cellier, espèce de cave à fleur de terre, entourée de tonneaux de toute grandeur. Un pressoir à vis de bois, chargé encore de marc de raisin, et la forte odeur alcoolique qui s'en échappait, annonçaient qu'on était en pleines vendanges.

Le premier étage se composait de trois chambres. Celle des époux Lavène offrait pour tout luxe un petit saint Jean-Baptiste en cire rose, un grand perroquet vert en craie, achetés au marchand ambulant, un pot à l'eau en porcelaine à fleurs d'or, qui n'avait jamais contenu la moindre goutte d'eau, et dans lequel se prélassait, en guise de bouquet, un plumeau aux mille couleurs. Venait ensuite la chambrette de Rose, qui la partageait avec des pigeons familiers, une légion de lapins et quelques perdreaux en sevrage. La troisième chambre était celle de Marcel et des étrangers que recevait maître Lavène. Des centaines de grappes de raisin suspendues au plafond par de gros fils, des planches chargées de fruits, des provisions de blé et de légumes entassés dans les angles, de grandes jarres d'huile dans un coin, disaient assez que les lits ne sont que des accessoires dans les chambres des villages méridionaux. Cependant, ces maisons solidement bâties, soigneusement fermées, couvertes de bonnes tuiles, et dans lesquelles règne une espèce de confortable, seraient fort enviées par les pauvres habitants de certaines parties de la France, qui n'ont pour se défendre de la rigueur de leur climat qu'une méchante cabane couverte de chaume.

Le paysan du bas Languedoc ne connaît pas la misère. Il vit sans aucune privation, bien nourri et bien vêtu sous son soleil radieux. Cette existence facile lui donne un peu de la fierté espagnole. Comme ce dernier peuple, il manque de souplesse et se résigne rarement à la domesticité. Il attache même une sorte de déshonneur à quitter son pays pour un intérêt quelconque. Il est passionné pour l'agriculture, sa seule industrie ; mais, en dehors des produits du riche sol qu'il cultive, il comprend peu le charme de la nature. Il arrache avec soin le brin de giroflée qui s'est oublié à vivre sur un vieux rebord de toiture; il fait la guerre à la mousse, au gazon qu'a respecté le soleil, aux buissons d'aubépine qui entourent les champs, aux arbres qui projettent sur les récoltes un pernicieux ombrage. De là vient qu'autour de la plupart des villages du Midi, la nature est nue, bien que riche. Nulle part peut-être la main de l'homme n'obtient d'aussi merveilleux résultats que dans ces campagnes où elle remplace le pittoresque par l'utile; mais ces vignes d'un vert uniforme, ces oliviers au feuillage gris et terne, enfin tous ces carrés de terre toujours parfaitement cultivés et parsemés de blanches maisonnettes, se ressemblent si bien qu'on dirait un immense damier. On trouve bientôt à ce tableau un air de monotone prospérité qui fait regretter les paysages du Nord, où les chaumières rustiques se perdent au milieu d'une verdure moins productive, mais plus variée que celle du Midi.

Derrière la maison de maître Lavène, se trouvait le petit espace de terrain qu'on appelle dans le Midi le jardin. Un puits presque toujours tari, des grenadiers décharnés, présentant leurs fruits entr'ouverts, deux figuiers étiolés à l'ombre d'un vieux mur, dépassé lui-même par le disque d'un tourne-soleil rayonnant, un grand tas de marc de raisins picoré par une escouade de dindons, quelques plantes rampant sur le sol desséché, potirons jaunis où tomates écarlates, formaient le triste ensemble de ce chétif verger.

Madeleine terminait à peine ses derniers préparatifs, lorsque le bruit d'une carriole retentit sur la place. La ménagère sortit de la maison pour courir au-devant des nouveaux venus. La charrette, conduite par maître Lavène, contenait un chargement complet de malles, de cartons et de corbeilles de toutes formes. Une jeune demoiselle, assise au milieu de tous ces bagages, s'efforçait de les arracher aux courroies qui les retenaient. M. Dutal, le notaire de Grabel, essayait, quoique un peu maladroitement, de lui venir en aide.

Un cercle de curieux entoura bientôt la carriole. Chacun dans le village voulait voir *le monde* qui arrivait chez Mos de Lavène, et faisait tout haut ses réflexions : « Tiens, la fille du notaire! — Est-elle promise à Marcel Lavène? — Et ce garçon qui ne vient pas encore cette année! — Faut-il qu'il ait la tête dure pour ne pas en savoir encore autant que le vieux médecin Biret! — C'est une belle fille que Mlle Nina! Avez-vous vu sa robe de soie? »

Ce ne fut pas sans peine que Madeleine, après l'échange des premières civilités, put faire entrer en triomphe chez elle le notaire et sa fille. Rose s'élança pour embrasser Nina; mais celle-ci, se rejetant un peu en arrière, lui présenta la main, de façon à éviter toute nouvelle tentative d'expansive amitié.

« C'est mon habit de vendangeuse qui te fait peur, Nina? dit la jeune paysanne toute confuse; je n'ai pas eu le temps de m'habiller, mais j'y vais.

— Après souper, ma fille, » dit maître Lavène, qui entrait dans la cuisine; puis, jetant quelques sarments au feu : « Femme! cria-t-il avec un timbre de voix rude, sers-nous vite; monsieur le notaire doit avoir faim. »

Madeleine posa sur la table, sans mot dire, le potage fumant. Elle subissait la volonté de son mari, ainsi que la subissent toutes les villageoises languedociennes, comme un ordre suprême devant lequel il n'y a qu'à s'incliner. Elle s'assit loin de la table, son écuelle sur les genoux, se levant au moindre signe de son mari pour servir ou desservir les convives.

Petit et replet, maître Lavène avait un abord rude et de brusques manières. Le regard incisif de ses yeux gris et perçants intimidait, et sa franchise touchait de près quelquefois à la brutalité; mais sous ces âpres dehors il cachait un cœur dévoué et une honnêteté rare : l'épiderme seul était mauvais, le fond était excellent.

« Et Jean? cria-t-il en frappant de son poing

la lourde table, habituée à ces démonstrations énergiques; croit-il que nous allons toujours lui faire sa part, et qu'il lui soit permis de venir manger lorsque les autres se coucheront?

— Mon oncle, répondit Rose en rougissant, Jean est occupé avec ses camarades à coudre la tente qui doit nous abriter demain contre le soleil.

— On ira les aider après souper, et on leur montrera que l'aiguille de maître Lavène est plus habile encore que celle de la jeunesse. Tu me prépareras un paquet de ficelle, entends-tu, Rose? »

Un peintre eût trouvé que Rose était séduisante de fraîcheur, de jeunesse et de beauté, dans son rustique costume de vendangeuse. Son visage avait ces tons chauds dont Murillo a doté ses brunes madones, et que le soleil du Midi répand sur ses enfants privilégiés, comme il donne à ses fruits leur duvet velouté. Un petit bonnet en indienne lilas avait bien de la peine à contenir sa soyeuse et brune chevelure. La basquine qui emprisonnait sa taille cambrée, le jupon court qui laissait voir sa jambe fine et son bas bleu, le tablier dont les grands nœuds tombaient par derrière, étaient d'une toile si fine et si blanche, qu'on aurait pris ce costume pour un travestissement de fantaisie. La physionomie de Rose respirait un air de franchise et de bonté engageantes.

Mlle Nina ne disait mot. Elle pensait à ses cartons, qui sans doute étaient sens dessus dessous dans sa chambre, et elle ne répondait que par un regard courroucé aux questions pleines de sollicitude que lui adressait son père. Le notaire de Grabel, s'étant trouvé veuf de bonne heure, avait concentré sur sa fille toute son affection, qui avait fini par dégénérer en une insigne faiblesse. Il avait fait élever Nina dans un pensionnat de Montpellier, et, depuis son retour, il subissait la tyrannie de cette enfant avec une résignation aveugle. C'était un homme doux, paisible, qui, pour éviter la moindre discussion, aurait consenti à exécuter tous les caprices de sa fille.

Mlle Dutal était de ces créatures neutres qui ne sont ni demoiselles ni paysannes. Sa lourde personne manquait d'élégance. Son front était bas, ses mains grosses et rouges. Ses cheveux avaient cette couleur déplaisante qui n'est ni le blond ni le châtain, mais qui rappelle les tons mats de la filasse. Ils étaient plaqués en bandeaux sur les tempes, où ils allaient rejoindre des joues parsemées de tant de taches de rousseur que, de quelques pas, il était impossible de distinguer la chevelure du visage. Les bijoux, les tissus soyeux, tout le luxe dont elle s'entourait, rehaussaient les charmes massifs de Mlle Dutal. Le paysan est un peu turc dans ses appréciations de la beauté, et, grâce à son riche embonpoint, la fille du notaire passait dans le pays pour une belle personne.

Nina était la fiancée de Marcel. C'était chose convenue entre les deux pères : elle épouserait le nouveau docteur dès qu'il serait de retour. La jeune demoiselle se promettait un grand plaisir d'être *dame* et d'aller choisir ses cachemires à Montpellier. Le mari était un accessoire; elle ne le connaissait pas, mais elle espérait qu'il arriverait en habit noir, cravaté de blanc, ganté de jaune et orné de moustaches à la Van-Dick. C'était tout ce que désirait cette tête légère, qui ne raisonnait plus comme une humble paysanne, mais comme certaines poupées de la ville.

Les villageois du Midi jouissent dans leurs

amours d'une liberté naïve et touchante. A quinze ans, ils se choisissent, ils s'aiment, ils se le disent. Pendant plusieurs années, ils sont amants et fiancés. Les soucis du ménage ne viennent que plus tard s'abattre sur leur tête. Dès que le jeune homme a ramassé la somme nécessaire pour acheter ou faire bâtir une maisonnette, et la jeune fille les quelques écus qui doivent servir à son modeste trousseau, le curé bénit une union que la famille a depuis longtemps ratifiée. La pureté et la constance qui règnent dans leurs mœurs sont telles qu'un exemple d'infidélité de part et d'autre est fort rare. Celui qui abandonnerait sa promise se déshonorerait, et l'indignation publique le forcerait à quitter le village, s'il ne consentait à rendre le bonheur à celle qu'il a trahie. Combien la plupart des unions qui se forment dans nos cités ressemblent peu à ces amours si chastes dans leur abandon, si nobles dans leur simplicité!

Maître Dutal et maître Lavène avaient, malheureusement, dans leurs projets matrimoniaux, imité les *messieurs* plutôt que les villageois. Ils ne s'étaient pas demandé si leurs enfants s'aimeraient, mais si les intérêts de la fortune de feu Mme Dutal s'ajouteraient à la dot de Nina, et quelle serait la somme qu'on offrirait au vieux médecin de Fabriac pour le décider à quitter le pays et à abandonner sa clientèle à Marcel. Maître Lavène n'avait pas mis un seul instant en doute l'obéissance passive de son fils, car il trouvait tout naturel qu'elle s'inclinât devant les droits sacrés de la paternité. Du reste, il supposait que Marcel serait très-heureux d'épouser une jeune fille riche et bien élevée. L'idée de sacrifice ne lui était pas venue à l'esprit, mais bien celle de la reconnaissance.

Madeleine, avec ce tact féminin qui dans certains cœurs maternels est une véritable intuition, soupirait tristement à l'idée de l'union projetée. Il lui semblait que Marcel ne pourrait y trouver le bonheur, et elle priait Dieu de changer la résolution de son mari. Elle enviait pour son fils le sort heureux de Rose, qui avait donné son cœur, deux Pentecôtes passées, à Jean, bon et laborieux jeune homme, le premier aux vignes et à la danse. Bien que cette tendre affection ne fût un secret pour personne, que tout le village l'eût sanctionnée de son assentiment, et que Jean fût admis comme fiancé dans la maison de Lavène, le nom et la présence du jeune vigneron amenaient toujours sur le front de sa jeune promise cette rougeur adorable qui est la révélation d'un pudique amour.

Un coup sec frappé à la porte d'entrée fit tressaillir Rose, qui pensait à son fiancé ; elle courut ouvrir, mais, au lieu de Jean, la personne qui entra était notre jeune voyageur du chemin de Fabriac, c'était Marcel! Rose commença, tout interdite, une belle révérence, que le nouvel arrivé interrompit par un baiser bruyant, et, sautant dans la salle basse, il courut se jeter dans les bras de sa mère.

« Tu es docteur au moins? s'écria maître Lavène, en pensant aux frais de thèse pour lesquels Marcel avait obtenu un supplément à sa modeste pension.

— Je ne serais point revenu sans mon diplôme, » répondit le jeune homme, qui, tirant un large pli de son sac, l'offrit fièrement à son père.

Rose riait, Madeleine pleurait, toutes deux s'émerveillaient qu'il fallût si peu de temps et si peu de chose pour faire d'un homme un médecin. Marcel, qui désirait surprendre ses parents par la double joie de son succès et de son retour, leur avait épargné les incertitudes des examens, et rien dans sa dernière lettre ne trahissait sa prochaine arrivée. Maître Étienne dépliait, lisait, retournait en tous sens le précieux parchemin qui donnait tant de droits à Marcel. La famille Lavène goûtait un de ces instants de complet bonheur, si rares en ce monde, et que fait naître le retour d'un être aimé. Aussi ne fut-ce qu'après quelques minutes d'embrassements et de questions échangées, que Marcel découvrit la présence du notaire et de sa fille, qu'il salua en s'excusant. Maître Lavène prit la main de Nina, et la mettant dans celle du jeune docteur :

« Garçon, dit-il, voilà une bonne et *brave* demoiselle que nous aimons comme notre fille; je m'expliquerai plus tard. En attendant, nous allons boire à la santé de deux amoureux, car Rose est promise à Jean Coustou, et je pense bien qu'avant la Saint-Martin nous boirons à deux noces, » ajouta-t-il en regardant son fils et Nina.

Comment Rose ne rougit-elle pas cette fois en

entendant proclamer son amour, et pourquoi son verre trembla-t-il quand elle le porta à ses lèvres? C'est que la maligne enfant, ayant regardé Marcel pour jouir de sa surprise à cette brusque allusion, fut trop alarmée de la pâleur subite de son cousin pour penser à elle et au chaste bonheur qui l'attendait. La perspective de ce mariage inattendu terrifia, en effet, le jeune homme. Il savait que les désirs de maître Lavène se traduisaient en ordres sévères, et sur le visage peu agréable de Nina il crut entrevoir le linceul d'ennui prêt à ensevelir le bonheur et la liberté de sa jeunesse. Rose et Madeleine furent seules à remarquer la prompte tristesse de Marcel, et leurs yeux échangèrent un de ces regards anxieux dont les femmes ont le secret.

III

M. Dutal et Nina s'étant retirés après le souper, Marcel put faire à sa famille le récit des années passées loin d'elle. Rose parla de Jean, Madeleine des enfants nouveau-nés, des promis de la saison et du dernier défunt du village. Lavène raconta tous les détails de ses récoltes; puis se levant :

« Bonsoir, garçon, dit-il de sa voix brève, je suis content de toi, je te le prouverai. Il est trop tard maintenant; il faut nous coucher, si nous ne voulons pas entendre bientôt le chant du coq au coin de notre feu. »

L'air suppliant de Marcel retint sa mère; Rose, dont les yeux se fermaient à demi, suivit seule son oncle et alla partager sa chambre modeste avec Mlle Nina.

La mère et le fils, restés seuls, entamèrent une intime et longue causerie. La Mos pleurait; le jeune homme lui avait confié sa répulsion pour Nina, et tous deux se demandaient avec angoisse comment on pourrait amener maître Lavène à renoncer à son projet.

....

La clarté de l'aube faisait pâlir la lampe qui vacillait dans un océan de fumée, la fraîcheur du matin avait déjà fait frissonner Madeleine, la main distraite de Marcel ne remuait plus que des cendres refroidies, et pourtant la mère et le fils étaient toujours à la même place, plongés dans les mêmes pensées.

De joyeux accords les enlevèrent à leurs préoccupations. Les jeunes gens du village venaient donner, sous le balcon de Rose, la sérénade annuelle à laquelle a droit toute jolie danseuse. Ces chants résonnent harmonieusement dans le silence des belles nuits du Midi. Souvent une fenêtre s'entr'ouvre, et un bouquet est jeté par quelque main tremblante au nocturne chanteur. Le lendemain, les fleurs champêtres sont portées fièrement par le jeune homme à la danse : voilà les bans publiés.

La voix fraîche et sympathique de Jean entonnait à peine le dernier couplet d'une romance languedocienne, qu'un faible bruit retentit au-dessus de Madeleine et de son fils; ils entendirent des pas légers, puis un volet s'ouvrir, se refermer doucement, et le concert d'amour, ayant sans doute obtenu ce qu'il désirait, alla porter ses gracieux refrains vers une autre demeure. Pendant quelques minutes encore, on distingua des accords, puis des notes affaiblies par l'éloignement, puis quelques sons vagues, enfin plus rien.

La Mos embrassa son fils et remonta dans sa chambre.

IV

Le lendemain du retour de Marcel à Fabriac, le village célébrait la fête patronale, qui a lieu chaque année le premier dimanche de septembre. On sait quelle joie expansive règne dans ces solennités champêtres. Le vieillard endosse son habit de velours, qui a blanchi avec ses cheveux; un verre du vin qu'il a récolté pendant sa jeunesse semble lui rendre, pour quelques heures, le feu du temps passé. Il raconte avec une vigueur nouvelle ses anciens exploits à ses compagnons de béquille. Quant aux hommes, ils se partagent entre deux plaisirs : la partie de boules, qu'ils font en devisant sur le prix des vins, et la partie de cartes, pendant laquelle ils traitent les marchés de grains et de bestiaux, le tout arrosé de la liqueur dorée et épicée qui porte dans le pays le nom de *Carthagène*, puis interrompu par des repas dignes de Gargantua. Mais c'est surtout pour les jeunes gens, garçons ou filles, que l'heure qui sonne le premier dimanche de septembre est le signal du bonheur : car avec ce jour reviennent la danse, les rires, l'amour, tous les enivrants plaisirs de la jeunesse.

Maître Lavène descendit de bon matin, le col roide dans sa cravate empesée, et, s'approchant du lit de son fils, lui parla en ces termes d'un ton solennel :

« Garçon, pendant que tu t'occupais à Montpellier de te faire un état, moi, je pensais à t'assurer ici un avenir. Tu as vu Mlle Nina. C'est une belle blonde, fort bien élevée, une demoiselle qui sait jouer d'un instrument, et qui a plus de parures à elle seule que n'en ont toutes les femmes de Fabriac réunies. Elle a hérité de sa mère, et, outre ce que son père lui assure, elle apportera quarante mille francs dans son tablier! C'est un riche parti, et, si le gendre du notaire était médecin, il pourrait se vanter d'avoir la clientèle la plus *cossue* de tous les environs. Eh bien! garçon, tu es un heureux coquin, et je crois que tu es né coiffé; tu peux en toute assurance faire ta cour à Nina, car tu es son fiancé. M. et Mlle Dutal t'aiment déjà. Ne rougis pas; j'avais ton âge lorsque j'ai épousé ta mère, et, vois-tu, en mettant *ma croix* à ton contrat, je me signerai un billet de santé et de longue vie. Ce qui est dit est compris; va embrasser ta future. »

Maître Lavène voulut bien prendre l'attitude embarrassée de son fils pour un acquiescement tacite. Il mit son silence sur le compte de la surprise, et l'interprétant à l'avantage de ses projets :

« Garçon, ajouta-t-il, je pense que c'est l'excès du bonheur qui te coupe la parole.... »

Les jeunes gens du village vinrent très-heureusement tirer Marcel de sa fausse position. Le corps de la *jeunesse*[1], en tête son *cap dé jouvén*[2] portant le drapeau, et le hautbois aux sons na-

1. Dans les villages méridionaux, les jeunes gens qui ne sont pas encore mariés forment une joyeuse association appelée *la jeunesse*.

2. *Caput juvenum*.

sillards fermant la marche, venait apporter le gâteau de la fête. Ce gâteau, coupé par petits morceaux dans une grande corbeille portée par les deux plus jolies filles de Fabriac, est distribué dans toutes les maisons où se trouve une jeune fille ou un jeune garçon. C'est un impôt adroitement imposé aux parents, qui, en échange, sont obligés d'offrir à la *jeunesse* des dons en nature destinés à réconforter les danseurs, ou de l'argent qui sert à subvenir aux frais de la salle de danse.

Madeleine vint déposer sa part d'œufs et de fruits dans la grande corbeille. Pendant que maître Lavène tirait avec une certaine lenteur quelques pièces blanches d'une vieille bourse de cuir, les jeunes gens reconnaissaient Marcel et fêtaient son retour. « C'est Lavenou ! » criaient-ils avec transport. Dans les villages du Midi, les aînés ne sont jamais appelés par leur nom de baptême. On arrange leur nom de famille en diminutif, afin qu'ils ne soient pas confondus avec leur père. Maître Lavène avait été lui-même *Lavenou* jusqu'à la naissance de son fils, et, si Marcel avait eu encore son grand-père, il n'aurait été appelé que *Lavènétou*. Les jeunes gens, ravis de retrouver leur ancien camarade bon et doux comme autrefois, ressentant aussi un peu de fierté de se voir tutoyés par un *monsieur*, l'enrôlèrent dans leur bande joyeuse, et le bruyant cortége compta un quêteur de plus. Bientôt les sons mélangés du hautbois champêtre et de la musique recrutée à Montpellier donnèrent le signal de la *farandole*.

La farandole est pour les villages du Midi ce que le canon est pour les villes les jours de réjouissances publiques. C'est l'annonce, l'ouverture, la joyeuse inauguration de la fête. Chacun prend une jeune fille par la main, et une chaîne immense entraîne toute la jeunesse. Les mariés, le fussent-ils depuis un seul jour, sont exclus de ce divertissement populaire.

Le mariage, qui apporte à la jeune fille du monde une perspective de plaisirs et de liberté, est, pour la villageoise, le début d'une vie de dépendance et de soucis. Joyeuse et libre comme la fauvette, sa compagne des champs, elle abdique jeunesse et gaieté le jour de ses noces.

La farandole est souvent gracieuse, calme et élégante. Elle glisse légèrement sur le sol, elle tourne en silence dans les rues et sur les places, et c'est alors la plus jolie danse qu'on puisse imaginer. Dans ce cas, on l'appelle *branle.* Le *cap dé jouvén* ouvre la marche, faisant flotter son drapeau, dont les vives couleurs se déploient dans les airs et guident les danseurs. Le hautbois, ainsi qu'il arrive dans les promenades ou dans les danses du Midi, se place toujours à la fin de la chaîne. Il joue un air très-vif à deux temps, qui rappelle le galop. Les danseurs exécutent des passes, des rondes, des festons, des ondulations variées. Ce branle, qui glisse sans bruit et sans tumulte, se fait chaque jour pendant la fête, au début et au retour du bal. C'est d'ordinaire l'expression d'une joie pure et chaste; mais il arrive que ce branle si doux et si poétique prend quelquefois un aspect tout différent : il commence *piano* et finit en un *crescendo* formidable. La farandole devient alors une espèce de course au clocher, folle, terrible, tournant en mille replis sur elle-même, entrant par toutes les portes, sautant par les fenêtres, gravissant les échelles, se traînant sous les tables, franchissant les barrières, ne connaissant point d'obstacle, portant l'épouvante dans les maisons, allant, courant toujours, jusqu'à ce que le hautbois épuisé fasse entendre son aigre et dernier soupir. Le mérite des danseurs est de ne jamais se lâcher les mains et de suivre aveuglément le chef de la jeunesse. Le *cap dé jouvén* est élu tous les ans. C'est le roi de la fête. Il dirige et commande; il a la responsabilité de tous les divertissements et la mission de maintenir l'ordre. C'était Jean cette fois qui était revêtu de ce joyeux honneur, et Rose lui abandonna sa petite main hâlée avec un doux sentiment d'orgueil.

Il est rare qu'il y ait un nombre impair dans les jeunesses villageoises. Cependant, la farandole organisée, Marcel se trouva seul, un peu embarrassé avec son long habit noir et ses bottes vernies. Les jeunes gens, ennuyés de voir un retard dans le plaisir qui ouvrait la fête, lui crièrent un peu brutalement : « Eh ! Lavenou, va chercher Mlle Dutal, c'est *la tienne*. Allons, dépêche-toi, ou tu seras à la queue. »

Avant que Marcel eût répondu, maître Lavène arrivait tout essoufflé, conduisant pompeusement Nina. La *jeunesse* battit des mains et poussa un joyeux hourra. La fille du notaire appuya son gant paille sur le bras de son fiancé, et les deux jeunes gens partirent silencieusement à la suite de la bruyante chaîne. Les vieilles gens se tenaient sur le seuil de leur porte, regardant avec inquiétude si le tourbillon impétueux n'allait pas envahir leur demeure. Les jeunes mariés suivaient avec une expression de regret l'avalanche vivante qui leur rappelait les joies passées, et les enfants couraient après la marche furibonde, l'accompagnant d'éclatantes clameurs.

V

Un calme profond succéda, dans les rues de Fabriac, au tumulte de la farandole. On entendit les mouches bourdonner dans l'air, et la poussière craquer sous les pattes des coqs, qui, en sentinelles courageuses, venaient pousser une reconnaissance sur les lieux d'où ils avaient prudemment fui avec leur troupe craintive, au premier vacarme de la fête. Certains que le silence qui régnait désormais n'était pas une trahison, mais un retour normal de l'ordre, ils appelèrent, d'un éclat strident, leur sérail emplumé, qui s'était réfugié sous un hangar voisin, et toute la gent volatile se remit à glousser et à gratter dans son royaume ordinaire.

Il était midi, l'heure du dîner. Ce repas solennel est le second acte de la fête, rigoureusement observé et indéfiniment prolongé, surtout par les gens d'un certain âge.

Lorsque maître Lavène donna le signal de quitter la table, Rose prit vivement la main de Nina et s'élança, joyeuse, hors de la maison, pour se rendre à la danse.

Le bal avait lieu en plein air sur la place de Fabriac. Une tente, formée de tous les draps de lit de la jeunesse, se balançait mollement sous le souffle léger du vent, et projetait sur la place une ombre protectrice. Çà et là quelques déchirures mal dissimulées révélaient le tribut des plus pauvres jeunes gens du village. De joyeux rayons de soleil, qui filtraient à travers ces déchirures, venaient se jouer sur le sable et lui donnaient les reflets de l'or.

Jean, armé d'un gigantesque arrosoir, versait une pluie abondante sur le sol, que la jeunesse durcissait en le battant énergiquement à la suite du *cap dé jouvén*. La terre ainsi préparée offre une surface ferme et unie, qui est précieuse pour les évolutions des danseurs.

Le hautbois et le tambourin trônaient déjà

sur leur estrade bariolée, adossée contre les grands micocouliers. Ils attendaient leurs confrères, basses et trombones de la ville, que le charme de la bouteille retient souvent loin de leur poste. Seul, le hautbois de village est inaccessible aux tentations du cabaret. Il met son orgueil à être toujours le chef des danses, le premier et le dernier au feu du plaisir. Le tambourin est son digne acolyte.

Les femmes mariées s'étaient groupées autour de la fontaine. Elles aimaient cette galerie, commode pour observer et médire. En attendant les musiciens inexacts, le hautbois et le tambourin, pour bien révéler leur présence, faisaient entendre un de ces airs populaires qui ont un rhythme vif tout à fait approprié à l'esprit alerte des habitants.

Un essaim de petites filles vêtues de blanc s'exerçaient, avant la venue de leurs grandes sœurs, au divertissement de la danse, avec ce sentiment de la mesure inné chez les paysannes du Midi. C'était un charmant ballet lilliputien.

La valse a conservé dans les villages du Midi tout son caractère de lenteur allemande : les paysans tournent sur eux-mêmes avec langueur, en marquant doucement la mesure avec leur bras. On croirait voir des ombres germaniques sorties de leurs tombeaux aux mélancoliques accents du Freyschütz. Mais si l'air entraînant du galop vient à retentir, ils retrouvent bientôt leur vigueur pour s'élancer dans le nouveau tourbillon. Ce galop s'appelle l'*escargot*, sans doute parce qu'il s'enroule en spirales, comme la coquille d'un limaçon.

VI

Marcel s'était rêveusement accoudé sur le rebord d'une grande pierre creuse qui ordinairement servait d'abreuvoir, et dans laquelle, en l'honneur de la fête, quelques carafes de limonade se rafraîchissaient en compagnie de plusieurs bouteilles d'absinthe. Le jeune homme s'amusait à disperser avec son haleine les blanches plumes que des pigeons, effarouchés au milieu de leurs ébats nautiques, avaient laissées dans cet humble bassin. Cette distraction, bien puérile en apparence, cachait une suave extase. En écartant légèrement le fin duvet des ramiers, Marcel voyait se réfléchir dans l'eau un ravissant visage de jeune fille. Il ne pouvait détacher ses yeux de ce gracieux tableau, et n'osait faire le plus petit mouvement, de peur de faire disparaître l'adorable vision. Il était là immobile, doucement ému, jouissant d'un incognito charmant qui lui permettait d'admirer, sans l'intimider, une séraphique créature, et son haleine servait de vent propice aux flocons délicats qui, en nageant d'un bord à l'autre, entouraient la céleste apparition de leur neige légère. Par malheur un rustre vint prosaïquement étancher sa soif au petit lac enchanté; le mirage fut troublé : adieu rêverie et poétiques images!

Le jeune homme avait encore les yeux fixés sur l'onde, qui se balançait rapidement après cette secousse, mais il ne distinguait plus rien dans cette tempête en miniature et se demandait s'il n'était pas le jouet d'une hallucination, lorsque le timbre argentin d'une douce et fraîche voix vint assurer son oreille que le rêve enchanteur était une réalité. Levant la tête avec vivacité, Marcel se trouva justement sous l'immense chapeau de paille qui protégeait le front charmant de la mystérieuse inconnue. Celle-ci était debout sur un banc afin de mieux contempler les danseurs; les grandes ailes de son chapeau rond lui avaient jusque-là caché Marcel. Elle rougit en apercevant le jeune homme, qui, par un geste aussi prompt qu'imprévu, avait en se retournant effleuré son visage. Il s'excusa tout tremblant, et balbutia une invitation pour la première contredanse. L'étrangère demanda son consentement à une dame âgée, assise derrière elle, qui l'accorda, mais après un si long préambule sur la chaleur et la fatigue, que les deux jeunes gens arrivèrent trop tard au quadrille. Revenir à leur place était chose impossible : les danseurs formaient une barrière qu'on ne pouvait rompre.

« Eh bien! causons, » dit en riant la gracieuse enfant; et avec la franchise ingénue du jeune âge, elle raconta à son compagnon qu'elle s'appelait Noélie de Presle, qu'elle était née à Paris et qu'elle était arrivée depuis quelques jours avec sa mère et son frère au château de Saint-Loup, qu'un vieux parent leur avait légué, et où ils venaient passer l'automne.

« Comment! s'écria Marcel, vous habitez ce vieux château si délabré, si triste, et qui ressemble à une prison abandonnée!

— J'aime l'air pittoresque de cette habitation,

répondit Noélie, et les tapissiers de Montpellier nous y ont arrangé un petit séjour très-comfortable. »

La jeune châtelaine voulut connaître à son tour le nom et la position de Marcel.

« Ah! que ma mère va être satisfaite! repritelle; elle craignait tant qu'il n'y eût pas de médecin dans le pays!

Lorsque les deux danseurs revinrent à leurs places après une longue valse, Noélie présenta le jeune méridional à sa mère. Mme de Presle savait déjà par son *païre*[1] que la famille Lavène jouissait de l'estime publique, et lorsqu'elle apprit qu'au lieu d'être un simple officier de santé, Marcel était un vrai docteur, ayant pris son grade dans une faculté, elle l'engagea avec beaucoup de cordialité à venir la voir souvent à Saint-Loup. La vieille dame mit le comble à son bonheur en le priant de faire danser de nouveau sa fille.

Noélie était blonde, petite et frêle. De soyeuses boucles de cheveux entouraient ses traits délicats d'une auréole cendrée. Ses yeux

1. Le *païre* est un espèce de contre-maître rural qui dirige les ouvriers pendant leurs travaux, les loge et les nourrit.

rappelaient le bleu de la pervenche : ils étaient veloutés et modestes comme la douce étoile des bois, et, de même que cette timide fleur aime à disparaître sous l'ombre qui lui donne son charme et sa fraîcheur, ils s'abritaient sous d'humides et longues paupières. Lorsque Noélie relevait ses cils dorés,, un regard pur, radieux, un regard de vierge, reflétait son âme candide. On respirait près d'elle un chaste parfum de jeunesse, d'élégance et de naïveté. Sa vie avait été un bonheur doux et serein, sans larmes d'enfant ni soupirs de jeune fille. Elle avait conservé les adorables illusions de l'âge tendre, la franchise d'une âme libre, la joie expansive d'un cœur heureux.

Nina fut très-scandalisée que son fiancé dansât avec une jeune fille vêtue d'une simple robe de coutil bleu, sans autre ornement qu'un petit col tout plat. De son côté, la Parisienne avait demandé à Marcel quel était cet assemblage de falbalas et de rubans qui se tenait ainsi roide sur sa chaise. Marcel ne savait pas mentir; il répondit en rougissant que c'était la jeune fille avec laquelle son père désirait l'unir; mais il s'empressa d'ajouter qu'il la connaissait à peine, et que sans nul doute ce projet de famille ne pourrait se réaliser, car il n'y apportait de son côté aucune sympathie.

Noélie, un peu confuse de sa question, alla dire, afin de réparer son étourderie, quelques douces paroles à la pauvre délaissée. Elle lui annonça l'arrivée de son frère, avec lequel on pourrait faire un quadrille à part. La grosse fille du notaire subit le prestige enchanteur de la jeune châtelaine; elle se demanda même, après avoir entendu le son de sa douce voix, si le chapeau de paille et les manchettes unies de Mlle de Presle n'étaient pas plus *comme il faut* que tout son attirail de dentelles et de dorures livrées à la poussière; et en pensant qu'elle allait danser avec un jeune Parisien de noble origine, elle faillit remercier Marcel d'avoir engagé Noélie. Les orgueilleux ont quelque chose de bon : ils ne connaissent pas la jalousie.

Hector de Presle, à son retour de la chasse, vint en effet rejoindre sa sœur. C'était un beau jeune homme, très-amoureux de sa personne et recherchant la louange, mais bon garçon du reste. Il se débarrassa de sa carnassière et de son fusil, et, sur un signe de Noélie, il invita Nina à danser. Le petit quadrille s'organisa donc à l'écart.

Le visage de Marcel, d'ordinaire assez pâle, s'était chaudement coloré. Sur son front pensif semblait rayonner une félicité inconnue. L'idole séraphique si longtemps bercée dans ses rêves solitaires était là, sa main dans sa main, son sourire répondant à son sourire, ses cheveux blonds effleurant son visage. Noélie de Presle réalisait l'idéal de son cœur : c'était l'ange qu'il devait aimer.

Marcel n'avait jamais entendu le pur accent de la France du nord. Cet élégant langage sortait en notes perlées de la jolie bouche de Mlle de Presle, et le jeune homme avait son âme suspendue aux lèvres de la charmante étrangère. De son côté, la jeune châtelaine, habituée aux phrases compassées des danseurs parisiens, se sentait agréablement surprise de l'énergie méridionale qui régnait dans les paroles du jeune docteur. Ils s'abandonnaient donc tous deux à un charme également vif, l'un avec l'élan d'un cœur qui voit combler ses vœux les plus chers, l'autre avec la quiétude d'une douce ignorance que viennent surprendre des impressions nouvelles.

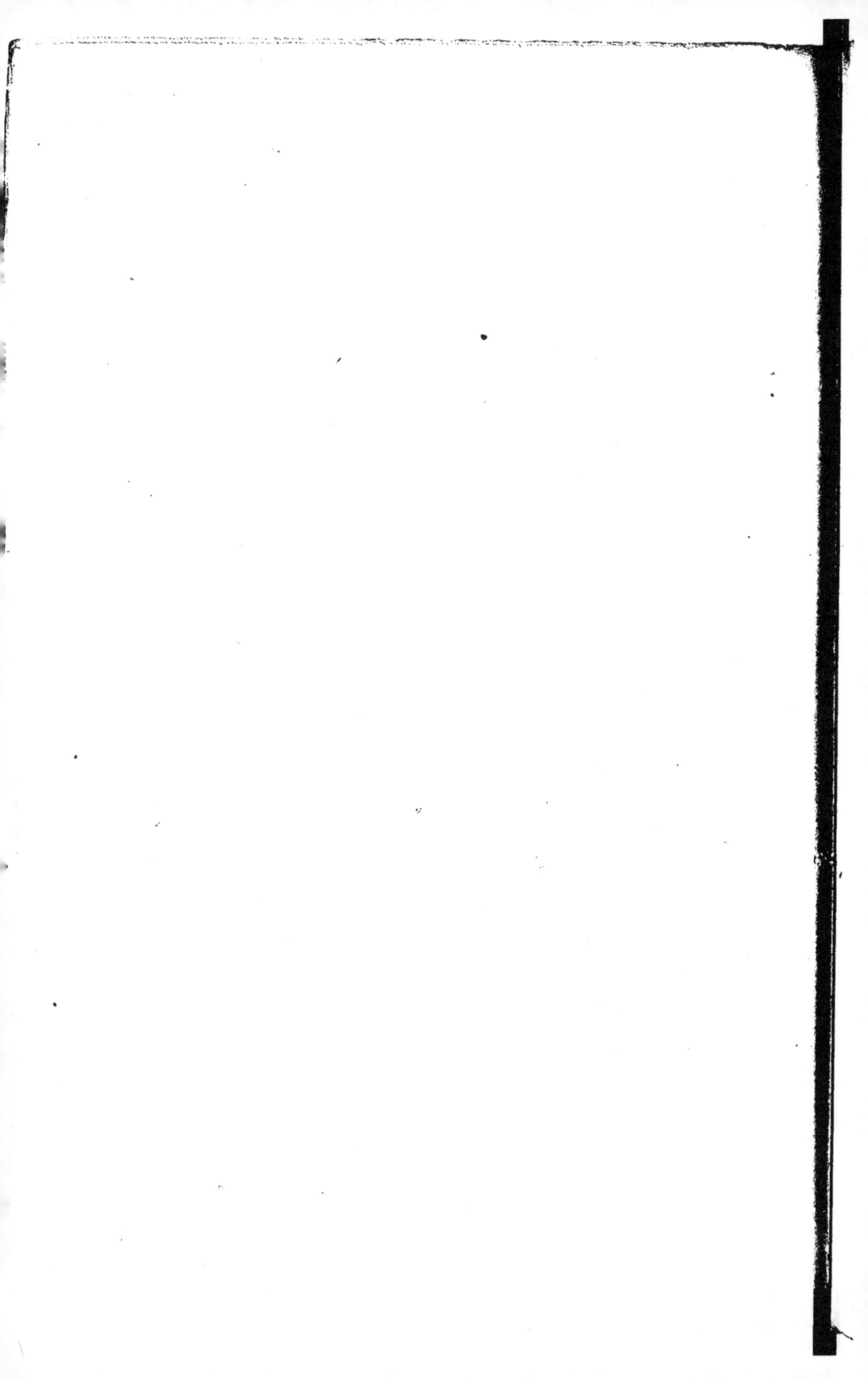

VII

Mme de Presle avait été fort peu remarquée par les paysans de Fabriac. En effet, elle était venue en simple cornette, abritée sous son ombrelle; or, dans le Midi, le chapeau est pour la femme ce que l'habit noir est pour l'homme. Les Mos mêmes ne se permettent qu'un bonnet plus ou moins orné, car la coiffure est la marque distinctive de la position féminine, et dire *une dame à chapeau*, c'est indiquer une personne appartenant au plus haut degré de l'échelle sociale.

La physionomie de Mme de Presle avait une exquise expression de bonté; ses yeux, d'un bleu pâle, lançaient encore quelques-uns de ces vifs rayons que l'on admirait chez sa fille. On aurait dit un héritage transmis à regret et dont elle gardait un débris. Ses cheveux n'avaient fait en vieillissant qu'adoucir leurs teintes; leurs blanches boucles encadraient son visage d'une vapeur légère, et n'offraient point cette crudité de tons si funeste aux femmes âgées qui n'ont pas été blondes et qui perdent à la fois le piquant de leur beauté et l'harmonie de leur visage. Chez Mme de Presle, tout était doux et effacé : la voix, les traits, les nuances de sa robe et de son châle.

Cependant le ciel s'était chargé de nuages; quelques larges gouttes de pluie, suivies d'un coup de tonnerre lointain, vinrent consterner les danseurs. L'orage s'avançait, et chacun dut regagner promptement sa demeure. La famille de Presle ne pouvait penser à retourner au château. La pauvre Parisienne demanda en vain une voiture, une patache, une charrette; le chemin conduisant à Saint-Loup serpentait entre de grosses pierres rapprochées, et n'était praticable que pour les piétons. La mère de Noélie regardait avec stupeur les petits lacs jaunâtres que la pluie avait déjà creusés dans le sable foulé de la salle de bal. Le vent secouait violemment la tente, et les grands micocouliers agitaient en frissonnant leurs petites feuilles. Il fallait prendre un parti et se résigner à demander l'hospitalité à un villageois, au risque de périr d'ennui dans cette hôtellerie improvisée. Mme de Presle allait prier Jeannette, nourrice de Noélie, de lui indiquer la maison la plus convenable de Fabriac, lorsque maître Étienne Lavène, prévenu par son fils, vint demander, en assez bon français, à la châtelaine de lui faire l'honneur de souper sous son toit en attendant la fin de l'orage. La Parisienne accepta avec empressement, et la famille de Presle fut bientôt installée au foyer des Lavène.

L'atmosphère s'était si brusquement rafraîchie, que Mme de Presle et la nourrice s'établirent avec béatitude autour d'un feu clair de sarments. Hector avait tiré de son sac le produit de sa chasse, et montrait à Nina la manière de plumer les cailles grasses sans les endommager. Nina ne s'apercevait nullement du sentiment sympathique qui grandissait entre Marcel et Noélie. En amour, les plus intéressés sont souvent les plus aveugles, et puis la pauvre fille était fascinée par l'effet de la chaîne d'Hector, par ses breloques et les brillants boutons de son habit de chasse. Marcel et Noélie ne disaient rien, mais ils caressaient ensemble la tête soyeuse de Fox, le chien anglais du jeune chasseur, et le bel épagneul semblait se laisser magnétiser sous les passes si douces des deux mains amoureuses.

Madeleine avait saisi son petit coutelas et immolait sans merci ses pauvres volatiles. Elle eut à livrer une véritable bataille entre les jambes du *Gris*, sous lesquelles venaient se réfugier tout tremblants ses jolis poulets huppés, sa belle poule blanche, sa dinde familière et ses pintades récalcitrantes. Elle rentra dans la salle basse avec un formidable abatis.

Mos de Lavène n'avait pas hésité à faire le sacrifice de ses bestioles préférées en l'honneur des nobles hôtes qu'elle recevait : car, dans les villages méridionaux, la magnificence du repas réside dans le nombre des rôtis. Quelques entrées circulent parmi de rares mets sucrés, et les légumes sont bannis comme trop champêtres. Un beau souper, c'est une immense brochée de viandes de toutes sortes, volaille et gibier, qui se pressent sur la table en monceaux fumants.

C'était un grand événement pour la famille

Lavène que cette réception faite aux châtelaines de Saint-Loup. Que de questions attendaient Madeleine le lendemain à la fontaine, et quelle importance ce souper allait lui donner dans le village! On se mit à table au roulement affaibli du tonnerre, qui se retirait majestueusement.

Après souper, on sortit. L'orage était passé; des milliers d'étoiles scintillaient au ciel. Hector et Noélie auraient bien désiré passer la soirée au bal champêtre, où avaient été disposées de fort jolies illuminations; mais Mme de Presle avait sa migraine, il fallut partir. La châtelaine pria son hôte de l'accompagner avec une lanterne; elle avait si peur des ronces, des cailloux et des serpents! Maître Lavène marchait le premier, son fanal à la main; puis venait la chancelante Parisienne, appuyée sur la vieille nourrice. Noélie et Hector fermaient la marche; mais celui-ci, se dégageant doucement du bras de sa sœur, lui dit à voix basse : « Noélie, j'ai grande envie de danser le fameux galop, je reste au bal; notre mère n'en saura rien, ne me trahis pas; M. Marcel voudra bien me remplacer auprès de toi. »

Et sans attendre la réponse, le jeune étourdi

courut rejoindre les danseurs, se promettant de faire une cour assidue à sa jolie hôtesse Rose, dont il avait fort admiré la beauté. Marcel, tout ému du bonheur que lui laissait Hector, mit en tremblant la main de la jeune fille sur son bras. Noélie ne dit rien, de peur d'éveiller les soupçons de sa mère et d'attirer une réprimande à son frère, et la petite caravane se mit en marche avec un certain recueillement.

VIII

Un religieux silence régna d'abord parmi les voyageurs : maître Lavène aurait cru, en parlant le premier, enfreindre toutes les lois de l'étiquette. On était arrivé au pied du pic de Saint-Loup, quand la lune vint éclairer doucement l'étrange et sombre silhouette de ce géant des rochers.

Le pic de Saint-Loup a fourni le thème de plusieurs légendes méridionales. Voici la plus accréditée, et celle que Marcel raconta d'une voix timide à Noélie. De splendides trésors sont entassés sous la base colossale du rocher. Il est une porte secrète qui, à minuit, la veille de la Saint-Jean, s'entr'ouvre à tout mortel ; mais si l'appât du gain retient plus de cinq minutes l'ambitieux dans l'immense grotte, il meurt enseveli sous des monceaux d'or, car l'antre se referme lorsque l'horloge de Fabriac fait retentir une seconde fois les douze coups dans le silence de la nuit. La voûte ténébreuse est divisée en trois galeries qui offrent successivement leurs richesses à la cupidité. La première est remplie de monnaie de cuivre. « Ce serait bien lourd à emporter, se dit le quidam ; j'aurai bientôt fait d'aller dans la seconde salle, et j'y trouverai plus de profit. » Il y court, et voit des milliers de pièces d'argent qui flatteraient délicieusement sa vue, si les feux étincelants de l'or qui brillent au fond de la troisième galerie ne l'attiraient par leurs reflets fascinateurs. « Vite, dit-il, quelques pas encore, et ma fortune est assurée. » Mais l'horloge fait entendre sa voix inexorable, et le rocher de Saint-Loup se referme sur une victime de plus. La moralité de cette histoire, qui enseigne à borner ses désirs, est tout à fait appropriée au sort des paysans ; elle se rencontre du reste dans une infinité de récits languedociens, et le *rocher du vieux Substantion*, près de Montpellier, est célèbre aussi par une légende qui diffère fort peu de celle de Saint-Loup.

Noélie disait à Marcel combien elle voudrait revoir et admirer avec lui ce lieu sauvage, et les deux jeunes gens se promirent d'y revenir un jour, au soleil levant. La naïve enfant était en proie à une véritable émotion. Cette nuit si pure et si limpide, les beautés grandioses d'un site nouveau, un tête-à-tête avec un jeune homme pour lequel elle ressentait une secrète sympathie, tout l'enivrait, et elle arrêtait sur le paysage de longs regards ravis. Les senteurs aromatiques des *guarigues* [1] se répandaient dans l'atmosphère, et les petites mares qui servent à abreuver les troupeaux, réfléchissant les étoiles scintillantes, semblaient autant de lampes d'argent placées de loin en loin pour guider le voyageur.

Lorsqu'on fut arrivé au château, Mme de Presle engagea maître Lavène à se rafraîchir. Pendant que Jeannette accompagnait le paysan à l'office, la vieille dame montait dans son appartement, appuyée sur le bras de Noélie.

Rentrée dans sa chambre, la jeune fille s'ac-

1. On appelle ainsi des étendues de terrain qui ne sont pas cultivées. Le plus souvent ces espèces de landes ne peuvent pas être défrichées à cause de la quantité prodigieuse de rochers qui s'y trouvent ensevelis.

couda à sa croisée, et, triste d'avoir vu fuir si rapidement une soirée délicieuse, elle en prolongea le charme par la rêverie des souvenirs. Noélie en était à cette première période de l'amour qui s'ignore encore. Le balcon de la jeune châtelaine était tout couvert de roses du Bengale. Ces rosiers, fort vivaces dans les contrées chaudes, parviennent à de très-grandes hauteurs, et offrent souvent sur leurs tiges flexibles plus de fleurs que de feuilles. La jeune fille se sentait attirée vers ces pâles roses dont elle semblait la sœur. Dès sa plus tendre enfance, elle avait aimé à s'entourer de ces fleurs délicates et suaves ; elle abritait avec tendresse, pendant la rude saison, leurs pauvres têtes bleuies par le froid. L'odeur des roses à cent feuilles était trop énergique pour les nerfs de Noélie ; la suave senteur, à peine perceptible, que dégagent les pétales des roses du Bengale, avait juste assez d'arome pour cette fine organisation.

Un léger bruit détourna bientôt l'attention de la jeune rêveuse, qui ne put retenir un petit cri de surprise et de bonheur en reconnaissant Marcel. Le jeune homme n'avait pas osé s'en retourner avec son père, qui ignorait sa présence au château, et qui l'eût sans doute vertement réprimandé pour avoir aidé le jeune Hector à tromper Mme de Presle. Il avait donc laissé partir maître Lavène, et, guidé par l'instinct de l'amour, il était arrivé sous la croisée de Noélie. La jeune fille mit un doigt sur ses lèvres pour inviter Marcel au silence, car sa mère ne devait pas être endormie ; puis elle cueillit ses plus belles roses, en fit un bouquet, le noua avec le ruban bleu enlevé à son chapeau de paille, et par un geste pudique et espiègle, gracieux et rapide à la fois, elle le lança au jeune homme. Marcel reçut sur son cœur ce charmant message d'amour.

Noélie avait cru d'abord n'obéir qu'à un caprice sans conséquence; mais aux palpitations tumultueuses de son sein, elle comprit que l'envoi de son bouquet était un gage, et, tout émue de la spontanéité d'un mouvement qui ne lui avait pas permis la réflexion, elle referma ses volets, non sans regarder encore Marcel à travers les larges fentes qu'y avaient ouvertes la sécheresse et la vétusté.

IX

Le lendemain matin, le soleil était déjà levé que Marcel dormait encore, l'esprit agité par des rêves charmants. Debout à son chevet, sa mère épiait son réveil. La figure de Madeleine trahissait une vive inquiétude. La pauvre mère allait, venait, semblait prendre la résolution d'éveiller son fils, puis se retirait doucement. Au moment où Marcel ouvrit les yeux, Madeleine aperçut le bouquet de roses de Noélie; elle le regarda tristement.

« Ah! *pécaïre!* dit-elle, mon cher enfant, si ton père avait vu ces fleurs, nous étions perdus; car elles viennent du château, n'est-ce pas? »

Un oui affaibli par l'émotion fut la seule réponse de Marcel. Madeleine ôta soigneusement les épines des roses du Bengale.

« Je voudrais, dit-elle à Marcel, pouvoir enlever ainsi toutes les épines de ta vie.... Je sais que tu aimes Noélie, reprit-elle après un moment de silence en se penchant vers son fils, et je guettais ton réveil pour t'annoncer qu'un exprès est venu hier soir de Sainte-Croix avertir M. Dutal que la sœur de sa femme, religieuse dans ce couvent, est dangereusement malade, et qu'elle demande à voir sa nièce. Nina va donc partir. »

Et comme Marcel ne put dissimuler sa joie à cette nouvelle :

« *Pécaïre!* reprit en soupirant Madeleine, as-tu pensé au rang de Mlle de Presle?

— Hélas! répondit Marcel, oui, je le sais, un abîme me sépare d'elle; mais laissez-moi l'aimer, ma mère. Tout à l'heure je rêvais qu'au bout d'une verte prairie, Noélie, en robe blanche, effeuillait des roses dans votre grand chapeau, et vous la regardiez avec votre doux et triste sourire. Laissez-moi goûter à mon réveil cette idée consolante que vous, qui seule avez le secret de nos amours, vous les protégerez. Savez-vous, ma mère, quels sont mes vœux et mon avenir à moi? C'est de voir se lever le soleil là où Noélie reçoit ses rayons bienfaisants, c'est de respirer le même air qu'a respiré son haleine, c'est de fouler le sable qu'ont effleuré ses pas. Tenez, ma mère, ajouta-t-il, montrant par la croisée ouverte sur le jardin une échappée de *guarigues*, voyez-vous dans le lointain le château de Saint-Loup, ce point noir qui se dessine sur une ligne bleuâtre? C'est l'horizon de mon bonheur. Noélie saura-t-elle mon amour? oserai-je jamais le lui dire? y aura-t-il un lendemain à cette félicité qui me berce et qui m'enivre? Je n'en sais rien, je ne veux pas le savoir. Ah! laissez-moi l'illusion, le rêve, le mirage de mon amour!

— Il faut mettre notre confiance en Dieu et notre espoir dans l'avenir, mon Lavenou, lui répondit Madeleine. Ne te tourmente pas ainsi. Pourquoi douter si vite? Tiens, voilà de belles grenades de notre jardin que j'ai promises à Mme de Presle, ajouta-t-elle en lui remettant un petit panier de fruits; tu les porteras demain à Saint-Loup. Tu mettras ton habit, tes gants; fais-toi bien beau. Dieu veuille que Mme de Presle te voie d'un bon œil! Sois surtout aimable envers elle, et tâche de lui plaire comme médecin. »

La pauvre Madeleine, en regardant son fils, eut un moment de douce fierté, car elle pensa qu'à la place de Mme de Presle, elle serait heureuse d'avoir Marcel pour gendre. Un rayon d'espoir fit briller ses yeux comme deux étoiles; mais ce ne fut qu'une impression fugitive, bientôt dissipée par la vue du notaire et de sa fille. Ceux-ci descendaient avec maître Lavène. Le départ de M. et Mlle Dutal fut vite organisé. Les malles de Nina étaient prêtes depuis la veille, et le vieux paysan eut bientôt attelé le *Gris* à la carriole.

Marcel balbutia assez mal quelques mots de regret sur la maladie de la tante de Nina; puis, après un salut cérémonieux échangé entre les deux jeunes gens, maître Lavène fit claquer son fouet, et la petite charrette partit au milieu d'un rassemblement nombreux de commères, qui ne quittèrent la place que satisfaites par une longue explication de Madeleine sur les motifs du prompt départ de ses invités.

X

Noélie était assise, le lendemain, sur la terrasse qui domine le château de Saint-Loup. La jeune fille, pensive, ne tournait plus les feuillets du livre posé sur ses genoux. Elle fixait un œil rêveur sur la mince ligne bleue qui se confondait avec le ciel à l'horizon : cette ligne bleue, c'était la Méditerranée. Ce qui absorbait ainsi Noélie, était-ce la vue de cette immensité? était-ce le calme mélancolique qui pesait sur les *guarigues?* était-ce la chaleur lourde qui, comme un réseau de plomb, s'étendait sur la nature? Elle l'ignorait elle-même et n'interrogeait pas ses sensations. Un premier amour, chez une jeune fille naïve, éveille une sorte de remords. Une inquiétude, un saisissement étrange envahissent tout son être. Elle n'a pas encore assez la conscience du sentiment qui l'agite pour le confier à l'amitié; elle ne sait pas ce qui la fait rougir, tressaillir, rêver le jour et veiller la nuit, et, si une tendresse amie veut le lui apprendre, elle se refuse à cette révélation avec une sorte d'effroi.

Mme de Presle vint arracher sa fille à sa rêverie. « Noélie, lui dit-elle, je viens te chercher, M. Marcel est au salon. Il est véritablement impossible d'être plus poli que ce jeune homme. Il est venu, malgré la chaleur, m'apporter les plus beaux fruits de son jardin. »

Aux premiers mots de sa mère, Noélie était devenue aussi rouge que ses dahlias qui étalaient au soleil leurs pétales empourprés. Elle suivit silencieusement Mme de Presle.

Mme de Presle offrit à Marcel de visiter le château.

Le château de Saint-Loup s'élève sur un petit plateau qui dominait autrefois une forêt superbe et de fraîches prairies. Mais la cognée a abattu il y a bien longtemps les arbres séculaires; les bûcherons ont, à leur tour, arraché les racines les plus profondes; les eaux ont fini par entraîner les terres, qu'aucun obstacle ne retenait plus sur les pentes rapides; peu à peu les rochers se sont ainsi dénudés, et leurs aspérités s'élèvent seules là où régnait autrefois une végétation magnifique.

Depuis que l'ombre et le détritus des feuilles ne le protégent plus, le sol des *guarigues* s'appauvrit de jour en jour, et en voyant, dans le Midi, d'anciens châteaux bâtis en plein désert, ou sur la cime de quelques rochers ardus, on pourrait se demander avec étonnement comment les seigneurs choisissaient des sites pareils, arides et sauvages, si on ne savait que le temps, qui moissonne tout, a moissonné, à leur tour, les arbres, la verdure et les fleurs. Le paysage qui entoure Saint-Loup est donc aujourd'hui triste et nu.

Bâti au moyen âge, le château de Saint-Loup avait chacune de ses façades tournée vers un des quatre points cardinaux, comme tous les édifices de cette époque. Au nord, la cour et le perron envisageaient le pic de Saint-Loup, qui bornait la vue de sa masse noire et imposante. Au midi était la terrasse, d'où l'on découvrait une vaste étendue de *guarigues*, et au loin la mer offrant la perspective de l'infini. A l'ouest, se trouvait l'antique jardin, dont il restait à peine quelques ifs que le jardinier du dernier propriétaire avait taillés en jeu d'échecs, des bordures de buis jaunies par la sécheresse, et des squelettes de platanes auxquels pendaient, en guise de feuillage, leurs fruits, boules ligneuses et calcinées.

La façade de l'est, sur laquelle s'ouvrait la croisée de Noélie, était parée de la jeunesse et de la gaieté de la nouvelle châtelaine. Les rosiers du Bengale, serpentant sur les murs, dissimulaient sous leurs gracieuses fleurs l'âpreté de la pierre noire et vieillie. On avait remplacé l'affreux boulingrin aux allées symétriques, bordées du gris feuillage de la *santoline*, par une plantation de pins, seule végétation qui puisse prospérer sur un terrain sec et rocailleux. De loin cette forêt lilliputienne offrait l'aspect d'une prairie, et, lorsque le vent soufflait dans les petites branches effilées des pins, on entendait comme une plainte aérienne.

Le château était inhabitable le jour où les dames de Presle y firent leur première visite. Les pièces dépouillées de leurs meubles paraissaient encore plus vastes dans leur nudité ; les vieilles tapisseries à personnages, dont l'humidité avait terni les couleurs, n'étaient plus que des lambeaux informes. Les cheminées servaient d'asile aux hirondelles ; une forte odeur de moisissure régnait dans les sombres corridors, et le vent, s'engouffrant dans les salles, agitait les portes et les fenêtres avec fracas.

Mais bientôt de moelleux tapis s'étendirent sur les dalles humides, les croisées ouvertes laissèrent arriver de gais rayons de soleil que vinrent tamiser des stores aux nuances riantes. Des papiers aux mille dessins revêtirent les murs froids et nus de leurs arabesques d'or; une multitude de meubles élégants et coquets garnirent enfin les immenses pièces du château et leur donnèrent un aspect joyeux.

La délicate veuve, qui redoutait le froid autant que la chaleur, aimait à s'entourer de tous les raffinements du luxe, et les paravents avaient naturellement trouvé place autour d'elle. Ces paravents, d'origine chinoise, étaient en glaces sur lesquelles étaient peintes des myriades de sujets microscopiques : c'étaient des fusées brillantes d'insectes diaprés et des gerbes de fleurs aux mille nuances, entremêlées à de grimaçants magots et à de fantastiques ornements de nacre et d'ivoire. Il est singulier que le peuple qui manie le pinceau avec le moins de grâce et de talent, possède le double secret d'obtenir les couleurs les plus éclatantes et celui de les fixer le mieux sur les glaces étamées ; les dames chinoises peuvent ainsi cacher leur coquetterie sous le prétexte d'admirer un oiseau ou une fleur, et essayer les œillades de leurs petits yeux obliques entre deux roses discrètes. Quel bijou précieux pour une coquette, qu'un miroir qu'elle peut nier tout en le consultant !

Mme de Presle faisait transporter un de ces paravents autour du piano, quand Noélie jouait sa partition favorite; à la croisée, pour jouir de l'admirable spectacle qu'offrait le soleil sur la mer lointaine ; près du feu, le soir, lorsque le vent mugissait ; et, grâce à ces boudoirs errants, ces deux femmes, qui auraient été tristement isolées dans leur immense salon, goûtaient le charme intime que donnent les petites pièces. En Russie, où les chambres sont vastes autant que le climat est rigoureux, il n'existe pas de salon un peu confortable qui ne possède ses paravents de glace sans tain. Des coteries s'établissent derrière chaque paravent : ce sont autant de différents salons. La médisance s'y met à l'abri; elle déchire tout bas ceux auxquels elle envoie le plus aimable sourire. La glace est un charmant rempart qui laisse passer les gracieux saluts, mais arrête la voix aux limites de ses panneaux. Cette mode serait sans doute depuis longtemps en faveur à Paris, si l'exiguïté des appartements l'eût permis.

Mme de Presle engagea Marcel à dîner. Hector, qui revenait de la chasse, joignit ses instances à celles de sa mère; mais ce fut un regard de Noélie qui seul décida le jeune Lavène à accepter cet honneur. Après le souper, on fit de la musique. Marcel avait une jolie voix de ténor, une de ces voix sympathiques que fait éclore l'ardent soleil du Midi. Noélie chanta quelques morceaux de sa petite voix douce, qui était en si complète harmonie avec sa frêle organisation. Hector possédait une solide voix de baryton, qui retentissait en échos sonores sous la large voûte du salon de Saint-Loup. Mme de Presle avait un talent réel d'accompagnateur; chacun remplit dans ce concert improvisé son double rôle d'exécutant et d'auditeur. La soirée s'écoula ainsi agréable et rapide pour tous. La fraternité des arts est celle qui lie le plus soudainement : c'est la franc-maçonnerie des intelligences. On se sépara comme de vieux amis, en se disant : « A bientôt ! »

XI

Le jour suivant, Marcel, ivre de bonheur et d'espoir, caressait, en s'éveillant, des rêves d'avenir et d'amour sous un doux soleil, par une de ces matinées radieuses qui semblent inspirer la joie, et où l'âme ne se repose que sur des idées riantes. Un messager en sabots vint en courant le prier de se rendre le plus vite possible au château, pour voir Mme de Presle, qui s'était réveillée malade. Le jeune homme fit ses premières armes et opéra sa première cure sur la châtelaine de Saint-Loup, dont il calma instantanément le douloureux accès névralgique; aussi fut-il proclamé dans Fabriac le plus savant de tous les médecins passés, présents et futurs, y compris même le vieux M. Biret.

A partir de ce moment, Mme de Presle ne put se passer de son cher docteur. Lavène, fort absorbé par ses vendanges, trouva tout naturel, du reste, que son fils se dévouât à ses nobles clientes. C'est son métier, disait-il, et il consentit même à *perdre* une demi-journée pour montrer et expliquer aux châtelaines les différentes opérations de la fabrication du vin.

Ce fut un jour de fête que celui où il convia Mme de Presle et sa fille à ce spectacle inconnu pour elles. Mos de Lavène avait préparé une brillante collation, et Rose, qui était la *meneuse* de la bande des vendangeurs de son oncle, offrit à Mme de Presle un petit panier des meilleurs raisins, choisis grappe à grappe dans tout le domaine. Les châtelaines, qui ne connaissaient guère, en fait de vignobles, que les maigres échalas d'Argenteuil, ne se lassaient pas d'admirer les belles vignes si touffues et si vertes étalées à leurs pieds. Le doux prestige qui enveloppe la nature du Midi à cette époque de l'année charmait les deux Parisiennes.

La richesse, l'abondance et la joie du bas Languedoc semblent se concentrer dans le mois des vendanges. Un air d'allégresse et de fête est répandu sur ces belles plaines, d'ordinaire si monotones sous leur éclatant soleil. Des nuées de jeunes filles et de jeunes garçons s'abattent en chantant dans ces vignes luxuriantes, dont les pampres entrelacés rampent sur la terre et la couvrent d'un admirable tapis. Des grappes, telles que le pays de Chanaan les produisait, reposent sur le sol, ou font courber les ceps sous leur poids. L'œil est à la fois charmé et fatigué de contempler tant de raisins à la vigne, dans les maisons, sur les chemins, hier, aujourd'hui, demain, encore et partout. Les enfants en ont les mains pleines et le visage barbouillé; les vendangeuses en remplissent d'immenses paniers qui ont l'air de se vider dans un tonneau des Danaïdes. On voit courir les hommes portant sur leurs têtes de lourds baquets pleins de raisins jusqu'aux bords. Les paysans sont d'une singulière adresse pour maintenir en équilibre sur la nuque ces baquets appelés *comportes*, qui sont retenus par des sacs farcis de paille, prenant la forme de la tête et ressemblant assez aux grands chapeaux des forts de la Halle de Paris. Les hommes chargés du travail fatigant de porter ainsi les raisins de la vigne à la charrette qui doit les transporter au cellier, s'appellent *banastous*. On les choisit parmi les plus jeunes et les plus forts, et les vendangeuses ne se plaignent pas de l'usage.

Que d'amours les vendanges ont fait naître! que de fiancés choisis aux vignes! que de baisers dérobés par le *banastou* à la jolie vendangeuse qui lui aide à charger sa *comporte!*

Chacun devient vif et bon dans ce moment de bonheur et d'activité. L'âne rétif trotte vivement, chargé, vingt fois par jour, de lourdes *comportes*; le plus petit des enfants le poursuit avec une gaule plus haute que lui. Sur le seuil de la maison, la grand'mère infirme égrène les chapelets de raisins qui se déroulent sous ses doigts flétris, pour se convertir bientôt en raisiné, prévoyance d'hiver. La pauvresse se dépêche de disputer aux moutons les grappillons suspendus en haut des ceps, et elle jette un regard de prière au chef des vendangeurs qui, d'une voix courroucée, reproche à sa cohorte d'oublier quelques grains de raisin. Ailleurs, c'est un bruit de tonneaux, de cercles, de machines et de pressoirs grinçants. On tourne, on presse, on va, on vient au milieu de jambes et de figures vineuses.

Ici, le fruit, sa fraîcheur, son velouté et son parfum; là, le jus, le vin, sa couleur brillante et son arome vivifiant. Il sort de la cuve à gros bouillons, et une pompe le fait monter en cascade jaillissante jusqu'au plus haut des foudres. Il court, en monstrueux serpents, dans de longs tuyaux qui rampent sur le sol. Il ruisselle autour d'une pyramide de marc parfumé, et va bouillir enfin dans une chaudière ardente pour se transformer en brûlante eau-de-vie.

Ce qui excita le plus la curiosité et l'intérêt, mêlé de compassion, des dames de Presle, fut la manière de manœuvrer les pressoirs à vin. Qu'on se figure deux vis en bois que trois ou quatre hommes font tourner alternativement en se précipitant à la fois, frappant de leurs cuisses en mesure les grosses barres qui y sont adaptées. Afin de mettre plus d'ensemble dans le choc, ils accompagnent leur élan furieux d'un cri sauvage auquel vient se mêler le craquement de la machine. Ce spectacle a quelque chose d'étrange et de triste. Pour *chauffer* leurs cuisses, selon leur expression, les paysans se jettent sur la barre de leur pressoir pendant plusieurs jours avant les vendanges. Leurs cuisses, bleuies d'abord par ces coups répétés, finissent par s'endurcir à ce singulier martyre, et, lorsque la décuvaison arrive, elles sont tout à fait aguerries et prêtes à supporter sans douleur les chocs les plus violents.

Les habitants du bas Languedoc voient arriver à l'époque des vendanges une multitude de paysans, nés dans les misérables hameaux qui avoisinent la *Montagne-Noire*, située non loin de Castres, dans le département du Tarn. Ces montagnards viennent gagner en un mois dans la plaine de quoi vivre toute l'année au fond de leurs étroites vallées, riches en végétation, mais fort pauvres en produits. Les paysans languedociens sont très-durs pour eux. Les malheureux montagnards, qui devraient inspirer une véritable compassion, sont souvent maltraités, et servent de point de mire aux railleries de la bande des vendangeurs où ils sont enrôlés. L'agriculteur qui a loué une bande de *montagnards*, leur donne un grenier et de la paille pour se reposer la nuit de leurs fatigues du jour. Ils sont là pêle-mêle, hommes, femmes, enfants, se nourrissant de raisins et d'une soupe grossière qu'ils font le soir en commun et qu'ils mangent à la gamelle. Aussi ces véritables parias resserrent-ils entre eux leurs liens d'affection : ils se lèvent, marchent, travaillent, mangent, dorment toujours par troupeaux. Le soir, au retour des vignes, ils dansent leurs bourrées nationales, non pour se réjouir, mais en souvenir de leur pays, et quelquefois de grosses larmes coulent silencieusement sur les joues des jeunes filles, qui pensent aux temps heureux où elles les dansaient si joyeusement sur le seuil de leurs chaumières. Les plaines les plus fertiles, les cités les plus brillantes, ne sauraient compenser pour ces pauvres gens les noyers séculaires, les châtaigniers qui les nourrissent, et leurs misérables cabanes. Il leur faut la fraîcheur de leurs vallées, le parfum de leurs prairies, leurs montagnes de neige et la quenouille de la veillée.

Le mariage de Rose et de Jean fut célébré après les vendanges, époque fixée d'ordinaire pour les unions des paysans, qui sont libres et riches alors. Noélie offrit à la jeune mariée sa blanche couronne nuptiale. Rose convoqua le ban et l'arrière-ban de la gent féminine à venir admirer le joli présent de la jeune châtelaine; mais quelle surprise, en soulevant la guirlande, d'apercevoir au fond du coffre une magnifique chaîne d'or à trois rangs! La chaîne d'or est pour la paysanne ce qu'est le cachemire de l'Inde pour la petite bourgeoise, ce que sont les diamants pour la femme du monde.

La santé chancelante de Mme de Presle ne lui permettait que rarement de suivre Noélie dans de longues promenades champêtres; mais l'excellente veuve, qui désirait ne pas priver sa fille d'un exercice salutaire, permit à Marcel de l'accompagner. Seulement, par convenance, Hector, armé de son fusil et suivi de son chien, se joignait aux deux jeunes gens. Hector avait-il deviné le profond et discret amour qui liait Marcel à sa sœur? Craignait-il d'être importun, ou était-ce chez lui pure légèreté, passion de la chasse ou désir de liberté? Ce qui est certain, c'est que le jeune chasseur ne pouvait jamais trouver de gibier là où désiraient s'arrêter Marcel et Noélie, et ceux-ci avaient toujours quelques curiosités à aller voir bien loin des parages où se rencontraient cailles, lièvres et perdreaux. On se retrouvait cependant pour le retour, et, en voyant revenir les trois jeunes gens dans un si parfait accord, on n'aurait pu soupçonner au château qu'ils se fussent jamais séparés.

Quelles douces promenades firent Marcel et Noélie au doux soleil d'automne, qui, avant de disparaître sous les brumes de l'hiver, leur souriait au milieu d'un ciel d'azur! Ils ne s'étaient jamais dit qu'ils s'aimaient. Lorsque l'aurore se lève au firmament, a-t-elle besoin d'annoncer sa présence? Les fleurs, les bois, les prairies, les eaux, la nature entière ne ressent-elle pas, dès ses premiers rayons, son influence radieuse? Ainsi étaient inondés de leur amour naissant les cœurs de Noélie et de Marcel.

Ils allaient souvent s'asseoir sur un tertre élevé qui dominait une large étendue de guarigues parfumées de thym. Leurs regards se perdaient dans le lointain immense ; les guarigues exerçaient sur leurs âmes ce mélancolique prestige qui est le charme du désert. Le nom de désert convient bien en effet à ces landes aujourd'hui en partie dépouillées, et qui autrefois étaient couvertes de chênes verts, d'yeuses, de lentisques, de térébinthes et de *cades* (genévriers). Il y a un siècle à peine, la plupart des guarigues étaient des bois qui servaient encore de repaire à des sangliers; aujourd'hui il n'y reste plus que quelques rares souches des arbres tombés depuis longtemps sous la cognée. Des rameaux rabougris essayent parfois de s'élever des racines oubliées par le bûcheron, mais la dent meurtrière des chèvres et des moutons appauvrit bientôt leur végétation malingre. Les guarigues sont d'excellentes dépaissances pour les troupeaux, qui y trouvent une herbe plus succulente et surtout plus nutritive que celle des pâturages de la plaine.

Marcel et Noélie aimaient ces plateaux incultes, dont l'air balsamique et une brise légère, venant de la mer, rendent le séjour salubre et tonique, même au sein des plus fortes chaleurs. Ils cueillaient des bouquets d'*aspic* (lavande), de fenouil et de thym, et les joignaient à l'immense gerbe du distillateur de plantes aromatiques de Fabriac, qui allait butinant de guarigue en guarigue, suivi d'un âne portant son alambic ambulant[1].

Ils allaient quelquefois jusque sur la cime

1. Cette distillerie en plein air est une industrie extrêmement originale, propre aux campagnes du Midi; mais le produit le plus précieux des guarigues est le *kermès végétal* ou *faux chêne*, qui croît entre les rochers, parmi le genêt d'Espagne, le romarin et l'immortelle sauvage.

élevée du pic de Saint-Loup pour promener leurs regards sur les nombreux villages qui s'étalaient à leurs pieds. Le jeune docteur apprenait à Noélie le nom et la vertu des plantes éparses dans les guarigues.

La flore du mont Saint-Loup est spéciale et extrêmement riche. Marcel était fier de pouvoir offrir à la jeune fille des plantes qui ne vivent que dans ces contrées sauvages, et des *ammonites* gigantesques dont les anneaux pétrifiés s'enroulaient sur une roche antédiluvienne. Souvent à leur approche, un merle au plumage bleu s'élevait en sifflant dans les airs, et l'oiseau disparaissait si vite que Noélie pouvait à peine distinguer les blancs croissants qui font comme une frange d'argent à ses ailes[1].

Marcel et Noélie se laissaient aller à l'existence sereine et charmante que leur faisait le sort. C'était un pur et chaste amour qui grandissait à l'ombre, et que nulle crainte ne troublait.

Une petite source fraîche et limpide murmure à mi-côte du mont Saint-Loup : c'était là, dans une espèce de grotte aux parois tapissées

1. Le merle bleu, qui est très-farouche et assez rare, se rencontre surtout au pic de Saint-Loup.

de stalactites humides et brodées de capillaire aérien, qu'ils aimaient surtout à prolonger leurs causeries. La jeune fille avait une candeur adorable. Elle était aussi paisible et aussi confiante dans ce petit antre mystérieux que dans le parc du château, sous les yeux de sa mère; de son côté, Marcel, ému, n'osant pas fixer ses regards sur sa jeune compagne, les reportait vers son image, qui flottait dans l'eau transparente de la source.

Échos chéris de la grotte, avez-vous redit les confidences de ces deux cœurs? Murmure cristallin d'une eau pure, avez-vous répété leurs doux accents? Feuillage léger du capillaire, avez-vous conservé, dans vos fines et gracieuses découpures, le parfum qui s'exhalait de ces deux âmes? Miroir de l'onde, avez-vous révélé ces regards brûlants qui se perdaient sous votre fuite rapide? Rainettes bavardès, avez-vous raconté dans vos concerts du soir, au milieu des roseaux, les chastes rendez-vous de la grotte de Saint-Loup ?

Un jour, au retour de la promenade quotidienne des jeunes et timides amants, lorsque Marcel se fut retiré, Mme de Presle dit d'un ton sévère à sa fille qu'elle allait écrire au jeune docteur pour le remercier de ses soins, car il n'était plus convenable qu'il se présentât au château. Noélie rougit; sans oser interroger sa mère, elle alla cacher sa confusion et ses larmes sous ses rosiers discrets. La pauvre enfant sentit son cœur se déchirer, et pour la première fois elle se demanda si son poétique amour ne se briserait pas contre les préjugés du monde et l'ambition maternelle.

D'un accent courroucé, maître Lavène à son tour, annonça à son fils qu'il venait de tout apprendre, et, assurant que Mme de Presle ne consentirait jamais à lui accorder la main de sa fille, il l'exhorta assez brutalement à oublier Noélie. Il lui parla en revanche de Nina en termes chaleureux, et termina en disant qu'il fallait au plus tôt aller à Grabel pour demander solennellement en mariage la fille du notaire.

Cependant Marcel trouva quelque prétexte pour retarder cette démarche, qu'il était décidé à ne jamais accomplir.

XII

L'automne envoyait encore de chauds rayons sur la petite place de Fabriac ; ils glissaient comme une joyeuse fusée dans la chambre de Marcel, et le jeune homme croyait lire dans cette lueur un mystérieux langage d'amour. Cette douce lumière, avant de venir jusqu'à lui, n'avait-elle pas éclairé les roses de Noélie ? N'avait-elle pas doré les rideaux de la jeune fille, et, traversant ses paupières demi-closes, ne lui avait-elle pas dit : « Je vais aussi réveiller Marcel, et sa première pensée sera pour toi. »

Marcel se rendait souvent sur un petit plateau de guarigues, d'où il découvrait le mont Saint-Loup. Ses souvenirs et ses rêves prenaient une forme nouvelle en considérant ce rocher athlétique qu'il prenait pour confident ; et lorsque l'ombre de la nuit étendait son voile sur la nature, il croyait voir grandir et se rapprocher le gigantesque ami de son enfance, le témoin de son amour, le colosse qui abritait de son épais rempart la maison paternelle.

Mais un âpre vent d'automne vint bientôt enlever à la campagne son charme et sa richesse. Un ciel gris voila d'une teinte uniforme la nature dépouillée; le torrent roula des eaux jaunes et bourbeuses; les arbres du parc tendirent à la froide bise leurs branchages nus et nerveux ; le sentier du château disparut sous des amas de feuilles sèches, que l'aquilon amenait de loin et faisait tourbillonner en sifflantes spirales; les troupeaux épars dans les vignes errèrent d'un cep à l'autre, broutant de loin en loin quelque pampre oublié par un *mistral* desséchant.

Des enfants impitoyables allèrent jouer dans le petit antre mystérieux de Saint-Loup, et firent tomber à coups de pierres les stalactites en mille débris. Les feuilles de capillaire, arrachées dans ce désastre , descendirent doucement la montagne, nageant dans le petit ruisseau qui coulait jusqu'au mur du château, et, s'y arrêtant, elles semblèrent dire à Noélie : « Nous voici, nous n'avons pu survivre aux profanations de la grotte d'amour, et nous venons expirer à tes pieds. »

Un événement imprévu vint bientôt mettre le comble au désespoir de Marcel : Mme de Presle avait décidé qu'on passerait l'hiver à Nice, car les brouillards de Paris ne convenaient guère plus à la faible organisation de Noélie que les vents âpres et irritants des landes sauvages de Fabriac.

Mos de Lavène, alarmée de la tristesse de Marcel, résolut de ne pas laisser partir la châtelaine sans tenter auprès d'elle une démarche qui pouvait assurer le bonheur de son fils. Mais il fallait d'abord rompre avec la famille Dutal, et Madeleine se leva un jour décidée à aller dans ce but à Grabel. Lavène devait employer cette journée à cueillir la provision d'olives pour les *frapper*[1], de sorte que la Mos espéra

1. Après les avoir *frappées*, c'est-à-dire meurtries avec une pierre, on fait macérer les olives dans de l'eau salée. Le point de leur maturité est difficile à saisir, car il faut qu'elles ne soient ni vertes ni mûres, mais seulement un peu molles et rougeâtres, pour parfumer les ragoûts sans leur donner une âpreté désagréable.

pouvoir exécuter ce petit voyage à l'insu de son mari. La pauvre mère eut bien de la peine à ne pas trahir son projet. Elle se mit dès le matin aux soins du ménage, et Lavène, fatigué de la voir s'agiter autour de lui pendant son repas, lui dit d'un ton un peu rude :

« N'as-tu pas toute la journée pour arranger ta cuisine ? Assieds-toi, femme, et couds près de moi. »

La docile Madeleine prit son ouvrage, mais non sans regarder en soupirant par la fenêtre le soleil qui montait à l'horizon.

Maître Lavène, renversé en arrière sur sa chaise, tournait ses pouces au soleil d'automne, qui venait caresser son front. Peu à peu le mouvement de ses doigts se ralentit, s'arrêta, sa tête s'inclina sur sa poitrine, et l'on entendit un ronflement sonore qui annonça que la digestion du maître du logis s'opérait dans la quiétude d'un profond sommeil. Le bourdonnement des mouches, et le petit coup sec de l'aiguille de Madeleine frappant sur son dé, étaient les seuls bruits qui, avec la respiration bruyante de son mari, interrompaient le lourd silence de la salle basse. La Mos tressaillait chaque fois que l'horloge sonnait une heure nouvelle.... Mais Lavène dormait toujours !

Cependant, vers midi, un petit vent frais vint faire tourbillonner les dernières feuilles de la saison. On vit alors maître Lavène se diriger en toute hâte du côté de ses *Olivettes*.

On vit aussi en ce moment se fermer discrètement la porte de la salle basse des Lavène, et une femme, le grand chapeau de feutre rabattu sur la tête [1], le fichu bien croisé, la jambe alerte, partir à travers champs et marcher si vite qu'on aurait dit que ses pieds ne touchaient pas la terre.

1. Dans les campagnes du Midi, les femmes ont pour se garantir de la pluie, l'hiver, et du soleil, l'été, d'amples chapeaux de feutre noir, dont la calotte très-petite et les ailes fort larges ne les font pas mal ressembler, lorsqu'elles les retiennent sous le menton, à la coiffure de don Bazile. Ce sont, du reste, d'excellents parapluies et de robustes ombrelles.

XIII

Vers le soir du même jour, Rose était seule au logis des Lavène; Marcel, parti pour Sainte-Croix de la veille, ne devait revenir de ce village que le lendemain. La jeune femme attendait avec anxiété le retour de sa tante et de son oncle, car un violent orage venait d'éclater. Elle interrogeait tristement du regard le petit jardin. La pluie, fouettée par le vent, y mugissait en battant les murs; les branches des figuiers craquaient sourdement; la petite allée, devenue le lit d'un torrent, charriait des débris de feuilles et de gravier. On entendait le clapotement de l'eau qui tombait dans le puits, le mistral sifflant au loin dans les garrigues, et le roulement prolongé du tonnerre, que répétaient en vibrations sonores les échos des grandes roches qui entourent Fabriac.

Pendant que maître Lavène, abrité par sa lourde cape, traversait le village d'un pas rapide en revenant de ses Olivettes, la pauvre Mos de son côté, rentrait péniblement chez elle, trempée jusqu'aux os. Bien que ses forces fussent épuisées, elle trouva le courage de changer de vêtements avant que son mari demandât le souper. Rose n'osait interroger sa tante, mais ses regards trahissaient l'inquiétude de son cœur. Profitant d'un instant où Lavène quitta la salle basse pour aller donner le repas au *Gris*, la Mos raconta à sa nièce les détails de son voyage. Rose n'était pas encore mère : elle ne savait pas que le dévouement centuple les forces et que l'énergie morale est le plus puissant moteur des actions humaines.

« Sainte Vierge, s'écria-t-elle en joignant les mains, c'est un vrai miracle que vous avez accompli, ma tante, car il y a trois bonnes heures de marche d'ici chez M. Dutal.

— Je suis arrivée tout d'un trait à Grabel, répondit simplement la Mos ; je n'avais pas pris le grand chemin, cela allonge; j'ai coupé par les guarigues. Je voyais fuir les pierres et tourbillonner les nuages devant moi, tant j'allais vite. Comme deux heures sonnaient, j'entrais dans l'étude de M. Dutal. Il était à table, et j'ai eu le temps de secouer la poussière de mes habits, car je n'ai pas voulu qu'on le dérangeât; les hommes n'aiment guère que l'on interrompe leurs repas. Il m'a demandé ce qui m'amenait, et si je venais faire marché pour les sarments avec les *lieuses* des environs. Alors j'ai retiré tout mon courage de mon cœur et je l'ai placé sur ma langue.

« Mon bon monsieur, lui ai-je dit, mon homme, « mon fils et moi, nous avons pour vous et votre « fille une très-grande estime; je crois que vous « nous honorez de la vôtre, et cependant nous « allons tous être malheureux si le mariage de « nos deux enfants s'accomplit. Je viens donc, « mon bon monsieur, vous demander de nous « rendre votre parole; voilà le but de mon « voyage. »

« Je me suis agenouillée devant le notaire, je lui ai pris les mains et lui ai raconté l'amour de mon Lavenou pour Noélie. Il a compris que sa fille ne saurait être heureuse avec Marcel et, sur ma prière, il l'a écrit à mon homme.

« Je suis revenue en courant, car le soleil commençait à baisser. Puis, au milieu des guarigues l'orage a éclaté, et il a fait un moment si noir que je me suis égarée. Je serrais ma lettre dans mes deux mains pour qu'elle ne se mouillât pas. J'ai retrouvé mon chemin à la lueur des éclairs. J'ai eu bien du mal à traverser les torrents, à escalader les roches et à passer dans les broussailles; mes pieds étaient en sang et je ne sentais plus mon corps, mais je me disais : « Mon fils sera heureux ! »

XIV

Madeleine espérait que Mme de Presle sacrifierait l'orgueil de son rang au bonheur de sa fille ; il lui semblait que Noélie ne pouvait trouver un époux plus accompli que Marcel, et que la jeune Parisienne était bien assez riche pour tous deux. Se rappelant la bonté, la bienveillance que la châtelaine avait témoignées à son fils, elle croyait reconnaître dans ces douces prévenances une affection presque maternelle, et elle résolut de décider maître Lavène à tenter une démarche auprès de la noble veuve. Après bien des difficultés, le notable de Fabriac y consentit.

Le vieux curé du village fut l'intermédiaire discret et dévoué de la famille auprès de Mme de Presle.

Celle-ci, plus étonnée que charmée de l'ambition des Lavène, reçut assez froidement l'ouverture du bon prêtre. Elle répondit au curé que Noélie était bien jeune encore pour qu'on songeât à la marier, que d'ailleurs son désir était de l'établir à Paris, où se trouvaient ses parents. Elle avait accueilli le jeune docteur avec une bienveillance toute naturelle et lui avait voué dès les premiers jours une affection, qu'il méritait du reste, mais elle n'avait jamais pensé qu'il pût prétendre à la main de sa fille, et, lorsqu'elle avait découvert son amour pour Noélie, sa prudence maternelle avait dû l'éloigner du château.

Maître Lavène s'écria qu'il avait bien prévu cet échec : il était fier, et la souffrance que ressentit son orgueil blessé retomba sur la pauvre Madeleine. Marcel se laissa aller à tout le désespoir d'un amour malheureux. La Mos assura pourtant que toute espérance n'était pas perdue, et elle désira avoir une entrevue avec la châtelaine.

« Dieu n'a pas fait les femmes paysannes ou comtesses, pensait-elle ; mais il les a toutes créées mères, et Mme de Presle finira par nommer mon Lavenou son fils, si Noélie l'aime véritablement. »

Lorsque Madeleine se présenta au château, Noélie, qui avait deviné le sujet de l'entretien mystérieux du curé avec sa mère, s'était décidée à avouer à Mme de Presle le tendre sentiment qu'elle éprouvait pour Marcel.

« Vous savez bien, avait-elle ajouté, que Paris ne me plaît guère ; le séjour du Midi, pour époux celui que j'aime, ce château solitaire et votre douce compagnie, voilà mes rêves ! »

Hector avait joint ses instances à celle de sa sœur ; Jeannette, la nourrice de Noélie, avait usé de son droit de conseillère, et l'excellente veuve, en proie aux plus grandes perplexités, agitait sans cesse la tête, de telle façon que les boucles de sa chevelure flottaient autour d'elle comme l'image des hésitations de son esprit. La Mos trouva donc la châtelaine fort ébranlée déjà, et le récit touchant qu'elle fit de l'amour de son fils émut beaucoup Mme de Presle. Après mille incertitudes, la bonne dame trouva enfin une solution qui conciliait à la fois le vœu de ceux qu'elle aimait et les convenances de la société. Un concours allait s'ouvrir à la Faculté de médecine de

Montpellier pour une chaire de professeur; elle mit pour condition au mariage que Marcel s'y présenterait, et que la main de sa fille serait le prix de son succès. La veuve, toujours craintive pour sa santé, n'était point fâchée d'avoir un gendre qui se fût distingué dans les sciences médicales, et le titre de professeur de Faculté lui parut suffisant pour effacer chez le jeune homme l'obscurité de sa naissance et la médiocrité de sa fortune.

Ivre de bonheur et d'espoir à cette nouvelle, Marcel jura que Mme de Presle et Madeleine pouvaient déjà bénir les fiançailles de leurs enfants. Ce fut un beau jour que celui où Marcel revit Noélie. Mme de Presle et sa fille reçurent le jeune homme sur la grande terrasse du château. Cette aimable saison qu'on appelle l'été de la Saint-Martin, brillait alors de son plus doux éclat. Le soleil envoyait ses rayons amollis à travers la sombre verdure des pins, dont l'ombre légère vacillait sur le sol; des montagnes couvertes de neige bordaient l'horizon, tandis que des nuages capricieux ornaient leurs sommets argentés de dentelures bizarres. Les asters, les dahlias, les marguerites, confondaient dans les massifs leurs fleurs diaprées. Des grappes de balsamines nuancées s'élevaient au-dessus de pâles bégonias; leurs graines, caressées par un chaleureux rayon, brisaient leur frêle enveloppe, et arrivaient en pétillant jusqu'aux pieds des jeunes fiancés. De mélancoliques plumbagos avaient l'air de pencher leurs fronts décolorés sur quelque douleur mystérieuse, et les élégants marabouts du sumac se balançaient en blancs panaches sur les rosiers de Noélie.

Après avoir interrogé sa mère d'un regard timide, Noélie offrit à Marcel un de ses beaux rosiers du Bengale, planté dans un vase élégant.

« Aimez ces fleurs, dit-elle en rougissant; ce ne sont pas les premières que je vous donne, mais celles-ci ne se faneront pas comme celles de mon bouquet, ou plutôt elles renaîtront par vos soins. Ces pétales délicats semblent l'image de ma faiblesse : comme moi, ils ont besoin, pour vivre, de soleil et d'amour. En les soignant, Marcel, vous penserez à moi. Greffez-les de roses blanches, et, lorsque de nouveaux boutons éclôront au printemps, je reviendrai, heureuse et souriante, cueillir ma couronne de mariée parmi ces fleurs, qui seront parées d'une virginale blancheur.

— Laissez-moi vous donner aussi un souvenir d'amour et un gage de ma foi, répondit Marcel avec émotion, en passant une modeste croix d'or dans le ruban bleu qui ornait le cou de la jeune fille; placez ce bijou sur votre cœur, chère Noélie : il a reposé sur celui d'une femme pieuse et tendre qui sera votre seconde mère; il a reposé sur le mien, qui ne bat que pour vous. »

XV

L'hiver allait cependant séparer les deux jeunes gens, et sur la prière de Marcel, Mme de Presle consentit à ce qu'une correspondance régulière vînt adoucir les tristesses de l'absence. La famille de Presle était partie pour Nice, et Marcel s'apprêtait à quitter Fabriac. Maître Lavène seul ne partageait pas son bonheur. La crainte d'un échec de son fils le désespérait; il avait arrangé pour Marcel et pour lui un avenir paisible, et ce n'était pas sans regret qu'il y renonçait. Il pensait d'ailleurs qu'il avait fait assez de sacrifices pour le jeune docteur, et, comme l'intérêt tenait chez lui une grande place, il se dit que c'était à la riche Parisienne de subvenir aux frais du concours. La délicatesse du jeune homme se révolta à cette idée; le paysan répondit que sa position ne lui permettait pas cette dépense, et Marcel partit un matin pour Montpellier avec un mince bagage, mais le cœur riche d'espoir.

Arrivé à l'angle du petit chemin, le jeune homme voulut dire adieu au doux vallon où était né son amour. Il monta donc sur une guarigue dont l'agreste plateau domine le pays. Au loin se dessinaient en points nuancés le mont gigantesque et le château de Saint-Loup, lieux chéris où s'étaient écoulées son enfance et les premières heures de sa tendre passion. La cloche du village sonnait lentement une heure matinale, que le coq traduisait en accents criards dans toute la contrée. Une pluie de sarments coupés par les ciseaux sonores des *tailleurs* tombait déjà sur le sol, et les *lieuses* se répandaient dans les vignes en blancs troupeaux[1].

Les feuilles, qui s'agitaient naguère si vertes et si fraîches au sommet des arbres, sèches et grises maintenant, tourbillonnaient tristement avec les broussailles des haies ; l'épiderme léger

1. En toute saison, les paysannes du Midi ne travaillent à la terre que vêtues de toile blanche.

qui avait enveloppé d'un réseau d'argent le corps d'émeraude du lézard, gisait suspendu au squelette d'un chardon, comme un débris de filigrane; quelques nids à moitié déchirés se balançaient en haut des amandiers. Les enfants s'amusaient, avec de longues pailles, à faire sortir de leur retraite souterraine les insectes engourdis, ou cherchaient sur l'herbe roidie par la gelée les dépouilles étincelantes des scarabées et des cigales. Quelques vieilles femmes glanaient dans la campagne du menu bois et de rares limaçons. La *coquillade* (alouette huppée), attirée sur la grand'route par certaine pitance, y sautillait auprès des chevaux, et ses plumes, hérissées par le vent, formaient une volumineuse crête sur son corps mignon. Mais bientôt Marcel détourna les yeux de ce tableau champêtre, qui lui parlait le simple et naïf langage de son enfance, pour contempler le point de l'horizon que la Méditerranée bordait d'un mince ruban d'azur. Le jeune homme crut voir, sur ces rivages lointains, Noélie assise devant les vagues murmurantes. La brise matinale, en le caressant, semblait lui apporter les doux encouragements de sa fiancée, et le jeune homme, appelé par une voix mystérieuse, se mit rapidement en marche vers Montpellier.

Madeleine attendait son fils au détour des grandes roches; elle cachait, sous sa mantille, un petit coffre qui renfermait le lourd clavier d'argent, la chaîne d'or, les longues boucles d'oreilles, enfin tout son trésor; elle le remit à Marcel, puis, en l'embrassant, elle lui promit de lui envoyer bientôt d'autres ressources. « Je prierai tous les jours pour toi, dit-elle; tu seras heureux, mon Lavenou, car Dieu bénit les mères qui l'implorent au nom du travail et du bonheur de leur enfant. »

Et Marcel partit, non sans s'être retourné souvent pour envoyer de nouveaux adieux à sa mère, restée immobile à l'angle du chemin.

XVI

Tout est joie au village lorsque le soleil y fait briller ses rayons, la verdure sa fraîcheur, les grands jours leurs matinées vermeilles et leurs tièdes soirées. Le paysan est heureux, actif et bruyant, dans le travail et dans l'abondance que lui apporte la belle saison. Mais lorsque la pluie inonde la campagne, que le vent fait grincer la girouette du clocher et que la neige s'étend sur la terre, le village semble prendre le deuil de la nature défunte. Pendant qu'à la ville on danse et on s'amuse, à la campagne on souffre et on attend. Le bruit des sabots résonnant sur la terre glacée, la voix de la mendiante qui prie sur les seuils déserts, et la fumée bleuâtre qui s'élève sur les toits, sont les seuls indices annonçant que les demeures closes et muettes du hameau sont pourtant habitées.

La Mos passa désormais de bien tristes heures à tricoter au coin du feu. Souvent elle essuyait avec sa manche une larme, car elle se demandait si son fils reviendrait jamais s'asseoir au foyer de sa paisible demeure comme aux beaux jours d'autrefois. Tout petit il avait été son bien et sa joie : n'oublierait-il pas maintenant son pauvre village ? La tendre Mos pensait en soupirant que l'homme, comme l'oiseau, doit s'envoler un jour au loin.

« Les nids ne sont que pour l'enfance, ajoutait-elle tristement. J'ai eu la première larme et le premier sourire de mon fils, une autre femme doit avoir l'éveil de son cœur et l'ambition de son âme. L'amour de Noélie charmera la jeunesse de mon Lavenou, comme ma tendresse a bercé son enfance. Mais j'aurai bientôt à me rappeler mes anciennes chansons pour endormir l'ange qui viendra embellir leur vie ; je me pencherai encore sur un berceau chéri, car la famille est le chapelet de la nature, et d'enfants en enfants, comme de grains en grains, j'arriverai bien vite au terme de mes jours. »

La fête de Noël vint apporter à Fabriac des jouets au berceau de l'enfance, des cierges à la chapelle de Marie, une veillée bruyante au cabaret de la place, le tintement argentin de la cloche dans le silence de la nuit, et le givre sur le rebord de la fontaine des micocouliers.

Il était autrefois un usage pieux qui amenait à Saint-Loup, le jour de Noël, un long pèlerinage de femmes dont le ciel n'avait pas encore béni le mariage en leur envoyant un enfant à aimer. Elles marchaient lentement, les pieds nus et un cierge à la main. Bientôt, celles dont les souhaits furent exaucés se joignirent au pèlerinage annuel pour remercier le patron du village de leur avoir accordé la douceur de la maternité; puis, les jeunes filles suivirent les mères, pour implorer le saint en faveur de l'amour; les hommes allèrent à leur tour le prier de préserver le bétail et les récoltes des fléaux; ceux-ci lui adressèrent des vœux pour la pluie, ceux-là pour le soleil, enfin tout le pays finit par être du pèlerinage, de sorte que saint

Loup dut se trouver fort embarrassé pour satisfaire tant de monde.

Cependant, aujourd'hui, les ménagères ont souvent plus d'enfants qu'elles n'en souhaiteraient, les jeunes filles sont sages, les amoureux fidèles, le bétail est épargné par les épidémies, le soleil et la pluie versent tour à tour leurs trésors sur les récoltes, saint Loup est plus vénéré que jamais, de sorte que le pèlerinage antique a été remplacé par une procession à laquelle chacun prend sa part.

La procession à Saint-Loup était chaque année pour Madeleine le sujet de nouvelles prières et de vœux ardents en faveur de Marcel; mais jamais la bonne Mos ne devait la suivre avec autant de zèle et de ferveur que dans ce jour de Noël. Elle avait tant à demander au patron de Fabriac! Elle voulait l'amour, le succès et le bonheur pour son fils. Mais saint Loup pourrait-il exaucer à la fois tant de souhaits? La tendre Mos résolut, afin de se concilier toute la bienveillance du saint, d'accomplir dans la même journée le pèlerinage antique et la procession moderne.

Madeleine se mit donc en marche, en sortant

de la messe de minuit, tenant à la main un grand cierge allumé et béni. Elle s'efforçait de le préserver du vent en l'abritant avec son grand chapeau de feutre, mais les aigres rafales du mistral menaçaient à tout moment de l'éteindre en s'engouffrant dans sa mantille. Souvent Madeleine fut obligée de s'arrêter et de garantir à l'abri d'un rocher la frêle lumière qui vacillait dans les ténèbres de la nuit. Elle suivait les agitations de cette petite flamme bleuâtre qui, comme un feu follet, paraissait et disparaissait tour à tour, battue par le vent.

Arrivée à mi-côte, Madeleine, épuisée par cette ascension pénible, se reposa dans la grotte de Saint-Loup. A la lueur de son cierge, elle put lire les noms de Noélie et de Marcel entrelacés sur les parois. Ces signes chéris, écrits par l'amour, lui donnèrent une force nouvelle; elle reprit courageusement son ascension à travers les guarigues sombres et désertes. Les cailloux roulaient sous ses pieds; les oiseaux de nuit, effrayés à son approche, quittaient leurs nids de pierre en s'envolant lourdement; les ronces déchiraient son visage, le froid glaçait ses membres, la fatigue courbait son corps; mais la tendre Mos arriva triomphante et radieuse sur le sommet du pic de Saint-Loup, son cierge brillant dans ses mains.

Son pèlerinage accompli, elle redescendit à Fabriac, comme un pâle jour d'hiver blanchissait le village de ses ternes reflets. La cloche de l'église tintait des sons clairs dans l'atmosphère glacée, les fidèles prenaient place dans les rangs de la procession de Noël. Madeleine revenait de Saint-Loup mourante de froid, de faim et de fatigue, mais l'aspect du nouveau pèlerinage à accomplir pour son fils lui donna cette force morale qui triomphe des plus grandes souffrances. Elle entra dans l'église, y fit une courte prière, prit un pain bénit dans la corbeille du dimanche, rattacha sa mantille, assujettit son grand chapeau sur sa tête, puis elle se mêla à la noire cohorte des ménagères, car la séparation qui existe entre les différents âges des paysannes de Fabriac, pendant la fête, la danse et les habitudes journalières, se maintient rigoureusement aussi à la procession.

Les paysans élèvent devant le seuil de leurs demeures de petits autels, où le prêtre dépose de loin en loin le saint sacrement. C'est là que les jeunes filles entonnent de naïfs cantiques d'une voix un peu grêle, à laquelle répondent les basses-tailles accentués des vignerons pénitents. C'est là que les acolytes lancent dans les airs le parfum de leurs encensoirs d'argent, que la procession s'agenouille en silence, et que le vieux curé donne sa bénédiction, accompagnée du grave roulement de l'unique tambour de la commune.

Un de ces reposoirs avait été dressé par Rose, sur la recommandation de Madeleine, au milieu de la place, en face du logis de maître Lavène. Une nappe bien blanche, des fleurs artificielles écloses sous les doigts de Noélie, quelques dentelles roussies par le temps, courant en festons sur des nœuds de rubans un peu fanés, le buste en plâtre d'un saint Loup de convention et une image en carton de la Vierge, constellée de paillettes d'or, étaient l'ornement de cet autel, le plus beau du village. La pieuse station qu'il obtint du curé remplit d'une sainte joie le cœur de la Mos, car la tendre mère avait placé le portrait de Marcel parmi les richesses de son reposoir, et son fils fut de cette manière béni en effigie.

Après cette halte, la procession quitta le village et fit le tour des champs et des vignes, pour que la bénédiction du ciel se répandît aussi sur les récoltes. Le cortége monta ensuite jusqu'au pic de Saint-Loup.

Ce fut un beau spectacle que celui qu'offrit la procession, lorsque, réunie sur le sommet du mont, ses bannières flottèrent dans les airs. Sur une pierre posée au milieu du plateau, était couchée une image d'enfant Jésus, pétrie et façonnée en argile. Cette image, simple et naïve, était le reposoir préparé par l'ermite de Saint-Loup.

A la nuit tombante, les cierges s'allumèrent, et la procession se remit en marche, descendant le pic comme un long ruban de feu. De retour à Fabriac, elle alla prier au petit cimetière de la paroisse. Cette visite au champ du repos termine la procession villageoise : scène d'une tristesse touchante, qui rappelle à chacun que tout doit finir là.

XVII

Un soir, Madeleine pleura amèrement. Marcel lui écrivait qu'il n'avait pas eu depuis quelques jours de nouvelles de Noélie : il lui semblait que le soleil qui éclairait son esprit s'était éteint. La crainte commençait à entrer dans l'âme du jeune homme, il doutait de lui, et pour surcroît de chagrin il ne lui restait plus du trésor maternel qu'une bague qu'il voulait garder comme une relique sacrée. Madeleine ne dormit pas de la nuit.

A partir de ce jour, la pauvre Mos se promit de n'épargner aucun effort pour que sa prédiction se réalisât, pour que Marcel fût heureux. L'humble paysanne était condamnée à finir sa vie comme elle l'avait commencée, par le dévouement. Sa prévoyance maternelle lui disait que la parcimonie de maître Lavène allait tristement aggraver pour Marcel l'épreuve qui lui était imposée. Un jour ou l'autre, la ménagère serait forcée de recourir au travail de ses mains pour assurer à son fils les moyens de poursuivre le but indiqué par Mme de Presle. Elle accepta cette perspective avec résignation, et les circonstances qu'elle redoutait ne se présentèrent que trop tôt.

Elle demanda la permission à maître Lavène d'aller glaner des olives pour envoyer à Marcel le produit qu'elle retirerait de l'huile. Un peu de libéralité de la part de maître Lavène aurait épargné à sa femme la fatigue extrême à laquelle elle allait s'exposer, mais il se contenta de l'engager à veiller à ce qu'il ne manquât rien à la maison pendant son absence.

La Mos, suivie du *Gris* chargé de paniers et de barils, se dirigea donc vers les *olivettes*, tantôt élevant les bras pour butiner les rares fruits oubliés aux branches, tantôt courbée vers la terre, où des olives à moitié flétries étaient tombées parmi les feuilles. Grâce à sa patience et à sa dextérité, elle avait rempli ses paniers à la fin du jour. En accélérant le pas du *Gris*, Madeleine arriva vers huit heures du soir au château où le *païre* de Mme de Presle avait son moulin à huile. Elle avait ramassé une petite *presse* d'olives, ce qui devait lui rapporter environ trente livres d'huile. Il lui fallut attendre que son tour arrivât. Madeleine était la dernière venue, et ses olives ne devaient *passer* qu'au milieu de la nuit. Elle s'assit au coin du feu, tira ses grandes aiguilles de sa poche, et se mit à tricoter les derniers tours d'un gilet destiné à Marcel.

Le moulin était en pleine activité. Dans cette partie du Midi, on s'empresse d'extraire l'huile dès que l'olive est cueillie, afin d'éviter le goût âcre et piquant que lui donne la fermentation du fruit conservé trop longtemps. Le moulin est donc obligé de tourner jour et nuit pour satisfaire ses clients dans le plus bref délai. Des escouades d'ouvriers se relèvent alternativement, et l'aspect de cette usine offre, la nuit surtout, une physionomie particulière.

Un doux feu de mottes (marc d'olives) brûle lentement dans un immense brasier, autour duquel se groupent les chalands, les curieux, les ouvriers au repos, les bavards et les notables du village. C'est un club au petit pied. On y joue l'écarté sur un baril renversé, avec les mêmes cartes graisseuses qui servent tous les hivers depuis dix ans, et qu'on replace après chaque séance dans la petite niche creusée *ad hoc* sous le manteau de la cheminée. Lè vieil adjoint goutteux prend son café à côté du garde champêtre, qui fume une énorme pipe, son chien entre les jambes; la ménagère vient faire chauffer le *récate* de son mari à ce foyer banal; la jeune fille y donne rendez-vous à son fiancé, et chacun écoute ou raconte la chronique du jour à la douce vapeur qui inonde le moulin d'une chaleur parfumée. Le sourd mugissement de la chaudière, le grincement de la presse, les cris bizarres qui accompagnent la manœuvre des ouvriers, la diversité des types qui se renouvellent sans cesse autour du brasier, la vapeur aromatique qui s'élève en spirales bleuâtres, enfin les mille détails de cette scène méridionale offrent un spectacle plein d'étrangeté.

Les olives sont d'abord broyées sous une meule de pierre siliceuse, qu'une vigoureuse mule fait tourner lentement. La pâte humide et noirâtre des fruits écrasés est placée dans des paillassons creux appelés *cabas*. Ces cabas sont élevés en colonne les uns sur les autres et arrosés d'eau bouillante. Lorsque la colonne est assez haute, on fait descendre sur cette pile de cabas, au moyen d'un arbre à vis de bois, une immense poutre horizontale qui, par son poids, comprime fortement la masse, et se relève après avoir fait écouler, par sa pression, le liquide contenu dans les paillassons. Ce liquide jaillit tout autour de la colonne des cabas, il ruisselle en cascades rougeâtres et retombe dans les bassins de pierre. L'huile, plus légère que l'eau, monte peu à peu à la surface de ces réservoirs, où on la recueille avec une feuille de cuivre mince et faiblement creusée. Il faut avoir une main très-légère pour retirer ainsi l'huile sans y mélanger une goutte d'eau, et une grande habileté pour ne laisser dans la cuve aucune portion du précieux liquide. Les clients surveillent minutieusement cette dernière opération si délicate, et les plus riches propriétaires ne dédaignent pas d'aller eux-mêmes voir extraire leur huile, ce qui, pour le dire en passant, met le meunier dans la nécessité de tenir table ouverte en vue de sa haute clientèle. On repasse à la presse hydraulique le marc d'olives qui est resté dans les cabas; mais l'huile provenant de ces résidus ne peut guère servir qu'à l'éclairage. Les usines modernes ont remplacé la grosse poutre par une presse à vis de fer perfectionnée et plus puissante. Cependant la routine du paysan est telle qu'il se méfie d'un mécanisme qu'il ne comprend pas; il préfère son arbre et sa poutre antique, dont il aime à suivre les évolutions traditionnelles.

Les eaux rougeâtres des bassins s'écoulent aux *enfers*. On appelle ainsi un souterrain où d'immenses cuves reçoivent les liquides de chaque pressée. C'est un antre mystérieux, qui offre au propriétaire du moulin le précieux butin d'une dîme secrète prélevée sur la récolte du client: car ces eaux rougeâtres tiennent encore en suspension une certaine quantité d'huile, qui se sépare lentement du liquide aqueux, et finit par arriver à fleur d'eau au moyen d'une chaleur excessive qu'on entretient autour des cuves. Il se forme quelquefois près de dix centimètres d'huile à la surface des réservoirs, et l'on conçoit le mystère dont le meunier entoure cette opération. Chaque semaine, vers minuit, le meunier passe une ronde, sa lanterne à la main. Il tâche, sous différents prétextes, d'éloigner les importuns, et, suivi de son *leveur d'huile*, être graisseux, cagneux d'ordinaire, à moitié vêtu de cuir, ce qui lui donne l'air d'une outre vivante, il se dirige à pas de loup vers son enfer ténébreux. La vapeur condensée contre les parois de cet antre horrible retombe en gouttelettes sur le sol ; une odeur âcre et nauséabonde se dégage de ces cuves, sur lesquelles surnage une huile épaisse et infecte. L'obscurité de ces lieux, le costume étrange du leveur d'huile, sa figure patibulaire se reflétant dans le vert miroir des bassins, la lueur vacillante de la lampe accrochée à la voûte, les immenses chaudrons remplis de liquide de toutes couleurs, l'air soucieux du maître penché vers ces piles profondes, donnent un aspect vraiment fantastique à ces nouveaux enfers.

Une fois sa *presse* terminée, Madeleine chargea le *Gris* du petit baril contenant son huile et de divers paniers remplis de noyaux d'olives convertis en mottes à brûler. Se hissant au milieu de sa charge précieuse, elle dirigea son âne vers Sainte-Croix.

Cette foire d'hiver offre un aspect de tristesse et de froidure qui impressionne douloureusement. Les marchandes de *tourons* soufflent sur leurs doigts transis en offrant aux passants leurs galettes croquantes d'amandes; quelques baladins, tremblants dans leurs oripeaux, tâchent de se réchauffer en se trémoussant sur leurs tréteaux ouverts à la bise glaciale; les paysannes, enveloppées de leurs mantilles, font leurs provisions d'aulx et d'oignons et s'en reviennent lentement courbées sous le poids de ces lourds chapelets; les moutons bêlent en se pressant les uns contre les autres, et agitent avec défiance leurs nouvelles clochettes; les bergers trinquent et boivent en plein air, sur la table du carrefour, pour secouer le froid qui traverse leur cape.

La Mos s'en revint glacée, mais joyeuse; elle rapportait de Sainte-Croix cinquante francs, prix longtemps débattu de ses denrées. Il fallait passer devant Saint-Loup pour s'en revenir au village. Madeleine jeta un triste regard sur le château désert. Dans les derniers jours d'automne, Noélie avait planté un de ses rosiers chéris aux pieds de la vierge de Saint-Loup, afin de voir la madone encadrée, au printemps, de verdure et de fleurs. La végétation du rosier du Bengale, hâtée par le tiède abri du mur, avait déjà déployé de longs rameaux, et un bouquet de beaux boutons prêts à s'ouvrir au premier soleil se balançait un peu au-dessus du chapeau de Madeleine. La tendre mère l'aperçut, et il lui sembla que ces roses aimées de Noélie se tendaient vers elle pour qu'elle les cueillît. Elle les détacha avec précaution pour les envoyer le lendemain à Marcel, comme un souvenir du passé, comme un bon augure pour l'avenir.

« Ah ! pensa-t-elle, en arrangeant délicatement la tige du rosier dans sa *gourgouline* remplie d'eau, voilà de quoi ranimer le courage de mon Lavenou ! »

XVIII

Le moment de soutenir sa thèse arriva enfin pour Marcel, et Madeleine implora de maître Lavène la grâce de faire un voyage à Montpellier pour encourager et embrasser son fils dans cette épreuve solennelle. Le paysan consentit au voyage de Madeleine ; il l'engagea seulement à ne pas se laisser plumer par Marcel, comme si la pauvre Mos n'avait pas depuis longtemps arraché toutes les plumes de ses ailes pour secourir l'enfant de sa tendresse. Puis il ajouta en forme d'adieu :

« Rappelle-toi que le *Gris* vaut son pesant d'or, et que tu m'en réponds; le chemin est long, ne le fais pas marcher trop vite ; pars dans la nuit, et mets-lui la cape, crainte de la froidure. »

C'était tout ce que désirait Madeleine. Sans remarquer que son mari semblait s'inquiéter beaucoup plus de la santé de son âne que de la sienne propre, elle le remercia avec effusion, et alla prier une voisine de venir la remplacer le lendemain en son logis ; puis elle courut chez Rose.

« Ma fille, lui dit-elle d'un ton joyeux, je viens te demander un service, c'est de m'accompagner demain à Montpellier avec ton ânesse. Mon pauvre Lavenou doit être dans la gêne, et je veux lui porter quelque argent; mais je n'en ai pas et j'ai résolu d'aller vendre du vinaigre, du vin muscat et des sarments à la ville; nous chargerons ainsi nos deux montures, et le prix que nous obtiendrons de nos denrées, nous le porterons à Marcel. Comme il sera surpris et heureux de nous voir ! »

A l'heure où une brume épaisse enveloppait le village d'un manteau grisâtre, les deux femmes commencèrent les apprêts de leurs frauduleuses cargaisons : car Madeleine, redoutant le blâme de son mari, recommanda à Rose d'agir avec prudence. La bonne Mos porta sous sa mantille les fagots de sarments qu'elle entassa dans la petite cour de Rose, tandis que la jeune paysanne, avec l'adresse et les précautions d'un contrebandier, enlevait, à la barbe de son oncle, de nombreuses bouteilles de vin et de vinaigre. Les deux femmes eurent de la peine à hisser le tout sur leurs montures, et il fallut se résigner à suivre à pied les ânes, déjà surchargés de mille bagages lourds et gênants.

Pendant qu'au village Madeleine terminait joyeusement les apprêts de la petite cargaison destinée à son fils, Marcel se désespérait à la ville, car toutes ses ressources s'étaient peu à peu épuisées, et il ne pouvait remettre à ses juges sa thèse, faute d'argent pour la faire imprimer. Marcel avait loué à Montpellier une chambre plus que modeste dans la rue Basse, illustrée par le séjour qu'y fit Jean-Jacques Rousseau. Il n'avait pour perspective qu'un vieux mur qui lui dérobait presque entièrement la vue du ciel. La chambre du jeune homme réalisait complétement les conditions d'obscurité que semblaient s'être proposées autrefois les architectes du Midi: elle était humide comme un caveau.

Le jeune homme contemplait un matin d'un air éperdu le rosier que lui avait donné Noélie. L'arbuste s'étiolait sur l'étroite fenêtre, et semblait courber vers lui ses fleurs pâlies par l'ombre, ses feuilles jaunies par la privation de l'air.

« Hélas ! pensait Marcel, lorsque ma fiancée viendra cueillir sa couronne nuptiale, elle ne trouvera ni rose ni époux ! »

Cependant il cachait avec soin à Noélie la fâcheuse position dans laquelle il se trouvait. Sa fierté repoussait l'idée de demander à Mme de Presle la somme nécessaire pour faire imprimer sa thèse, et les lettres de Noélie arrivaient toujours gracieuses et confiantes ; c'était le gazouillement d'une jeune âme qui s'épanouit au soleil, à la santé, au bonheur et à l'amour.

« Le jour où vous soutiendrez votre thèse, cher Marcel, écrivait-elle, est celui où j'accomplirai mes dix-huit ans. Ma mère, qui sait bien ce que mon cœur désire pour fêter l'anniversaire de ma naissance, commence déjà les apprêts de notre départ. Je me suis très-bien rétablie et vous me retrouverez aussi forte que je l'étais dans nos chères guarigues. Je sens bien que c'est le bonheur et l'amour qui me font vivre. Je serais morte à Saint-Loup lorsque j'étais consumée de tristesse et de crainte; je renais ici à la douce perspective de vos succès, dont notre réunion sera le prix.

« Un étudiant de Montpellier est venu voir à Nice un de ses oncles. Il nous a dit que votre nomination serait aussi brillante que méritée. Il vous a entendu, mon ami, et la chaleur de son enthousiasme pour vous m'a touchée bien vivement.

« J'ai cueilli et tressé pour vous une couronne de laurier. Nous échangerons nos guirlandes, nos cœurs et notre foi. J'éprouve un plaisir inexprimable à la pensée que notre rosier d'amour prospère et promet une nuée de belles roses blanches.

« Ma mère vous ménage une surprise, mais je la trahis ; la joie que j'en ressens est trop grande pour la garder pour moi seule, elle déborde mon cœur. Nous devons arriver à Montpellier le jour même où vous recevrez votre toque de professeur; l'hiver sera passé et tout fleurira autour de nous.

« Adieu, Marcel; placez une de mes roses à

votre boutonnière, elle vous portera bonheur. Son parfum vous rappellera la fiancée qui vous autorise à vous parer de ses couleurs et de ses emblèmes, comme le faisaient les nobles dames d'autrefois lorsque leurs amants entraient en lice. »

Chaque mot de cette lettre déchirait l'âme de Marcel. Il résolut d'aller implorer la générosité d'un vieux docteur fort riche qu'il avait connu autrefois, et qui avait paru s'intéresser à ses travaux. L'amour seul pouvait lui donner la force de tenter une pareille démarche. Il se présenta chez M. Rinas (c'était le nom du médecin), mais on lui dit qu'il était parti depuis quelques jours pour aller soigner un de ses amis en Dauphiné. Marcel s'en revint plus triste et plus découragé que jamais, et vers le soir il se jeta sur son lit, tâchant d'étouffer ses sanglots dans son oreiller.

Tout à coup, au milieu de la nuit, le jeune homme se leva et courut à la croisée : il venait de penser au rosier qu'il abritait chaque soir près de son lit, et que dans son désespoir de la veille il avait oublié sur l'appui de l'étroit balcon. Hélas! la bise glacée avait fané ses belles fleurs et séché ses feuilles. Il était mort. Les roses penchaient tristement leurs têtes décolorées : on eût dit qu'elles pleuraient leur jeunesse et leur beauté. Marcel prit dans ses bras le pauvre rosier comme s'il eût voulu le réchauffer de son haleine ; mais ses forces étaient épuisées, il tomba inanimé sur le sol.

XIX

Dans la même nuit, à Fabriac, l'horloge de la vieille église avait à peine tinté deux fois dans le silence, qu'une porte s'ouvrait doucement sur la place du village. Aussitôt une petite caravane se mettait en marche. C'était Madeleine enveloppée dans sa mantille, Rose leste et pimpante sur ses petits patins, sa pacifique ânesse fléchissant sous le poids de barils et de bouteilles de tout calibre et de toute grandeur, et le *Gris* trottinant à ses côtés, couvert jusqu'aux oreilles d'une montagne de sarments et de paniers, mal dissimulée par la cape de maître Lavène. Il avait neigé. Une lueur pâle éclairait le paysage de fantastiques reflets ; quelques pierres noirâtres, posées de loin en loin sur le blanc linceul dont la campagne était revêtue, ressemblaient à des larmes funèbres, et les arbres, courbant çà et là leurs branches sèches et blanchies, semblaient des spectres décharnés sortant du tombeau. Les corbeaux décrivaient à l'horizon ces cercles néfastes qui annoncent une prolongation de froid dans la nature et de misère chez le pauvre. Les deux femmes marchaient en silence, se serrant l'une contre l'autre, soufflant dans leurs doigts pour les réchauffer et tâchant de ramener sur la poitrine leurs mantilles, qu'un vent âpre et glacé soulevait autour d'elles en un noir et épais nuage. On n'entendait que le bruit des pas de la petite caravane faisant craquer la neige glacée, la voix traînante de Madeleine excitant le *Gris* d'un *hââ!* prolongé, et celle de Rose, qui le répétait à son ânesse en un trille vibrant.

Au point du jour vinrent se joindre à elles, de tous les villages environnants, d'autres paysannes abritées sous leurs mantilles noires et sous leurs grands chapeaux de feutre, tricotant ou devisant derrière leur âne, chargé de vinaigre ou de sarments qu'elles allaient vendre quotidiennement à la ville. La bruyante cohorte s'étonna de la rencontre de ces nouvelles recrues. Rose et Madeleine furent jusqu'à Montpellier le sujet des conversations de la troupe féminine. Viendraient-elles ainsi tous les jours? Il y avait déjà tant de pauvres marchandes, et elles obtenaient si difficilement la vente de leurs charges!

Leur gardant rancune pour venir ainsi sur leurs brisées, les villageoises laissèrent la tante et la nièce isolées, sans les accepter dans leurs rangs. Femmes et bourriques se connaissaient toutes. Les mêmes paysannes se retrouvaient chaque jour; elles se distribuaient les quartiers de la ville, se donnaient rendez-vous à la même auberge, et reprenaient ensemble le chemin de leur village en se racontant les résultats de la journée. Cette association des marchandes de sarments, faite sans le savoir, ne prenant sa force que dans la solidarité de l'intérêt, est exclusive comme toute coterie.

On voit tous les matins ces noirs troupeaux s'abattre en caquetant sur Montpellier; on entend de loin le *hââ!* dont les marchandes ambulantes encouragent leurs montures. Ce *hââ!* bref, prolongé, colère ou insouciant suivant l'âge et l'humeur de celle qui le prononce, retentit si fréquemment dans la contrée, qu'il semble faire partie du paysage même. A toute heure du jour, quelque marchande vigilante ou retardataire apparaît sur la grande route, où son noir costume tranche, l'été sur la blancheur de la poussière, l'hiver sur le sol grisâtre et durci. Ni le mauvais temps, ni la solennité des jours de fête, ne font reculer l'intrépide essaim. Si jamais le *hââ!* monotone, qui semble le cri de ralliement et le mot d'ordre de cette troupe, si le grand chapeau, la noire mantille, le tricot ambulant et les ânes qui trottinent venaient à manquer au pays, la nature en serait aussi surprise que si l'alouette et son cri joyeux disparaissaient du sillon, le pauvre et sa voix tremblante du bord du chemin, les mouches bourdonnantes du logis, les coquelicots des blés, et les nuages du ciel.

Aux portes de la ville, chaque paysanne fit à sa voisine un geste d'intelligence; les unes et les autres se dispersèrent bientôt dans toutes les directions, et les petits bourgeois qui n'ont pas assez d'espace pour loger de grandes provisions appelèrent avec empressement (car le froid était vif) la villageoise qui fournissait chaque jour l'aliment à leurs foyers. Toutes étaient attendues, reconnues, accueillies; toutes récoltèrent une ample et lourde moisson de gros sous.

Il était midi. Un pâle soleil fondait la neige, qui coulait dans la ville en ruisseaux noirâtres. Madeleine et Rose n'avaient encore rien vendu. Découragées, abattues, elles n'excitaient plus leurs ânes du geste ni de la voix; elles les suivaient avec lenteur, s'arrêtant avec eux, perdues dans ces rues nombreuses qui se croisent en tout sens, ahuries de tout ce qu'elles voyaient, et répétant sur un ton plaintif et honteux :

Qui veut des sarments? qui veut du vinaigre?

Mais à leurs côtés des voix glapissantes répétaient à pleins poumons le même cri, et couvraient de leurs robustes éclats les faibles et timides accents des deux pauvres femmes.

Rose et Madeleine virent partir une à une les marchandes satisfaites, montées sur la croupe de leur âne allégé. Elles pensèrent qu'il leur serait plus facile de vendre leurs denrées maintenant que la place devenait libre et que leurs dangereuses rivales étaient parties ; mais les bourgeois, qui s'étaient tous approvisionnés, les renvoyèrent avec brusquerie. Elles en étaient arrivées, non plus à offrir leurs marchandises, mais à supplier qu'on les achetât, et presque à solliciter la charité publique. Le *Gris* dressait les oreilles à chaque carrefour, et s'arrêtait en humant l'odeur du foin à la porte des auberges.

Tout à coup, le pauvre animal ne put ou ne voulut plus avancer. En vain Madeleine l'encouragea-t-elle par les *hââ!* les plus énergiques, par une poignée d'avoine et même par des coups de bâton : ni la douceur ni la force n'ébranlèrent l'entêtement de l'aliboron. C'était en pleine rue Basse, et le jour tombait.

« *Pécaïre!* dit Madeleine en attachant le *Gris* aux barreaux de fer d'une fenêtre d'un rez-de-chaussée, aussi bien, ma pauvre Rose, il ne sera pas inutile de nous reposer un peu, et mon âne ne nous donne pas un mauvais conseil. Pendant qu'il va manger sa pitance, nous allons nous asseoir et manger aussi un morceau. Il fait déjà nuit, et je n'ai pas encore embrassé mon fils! Il nous faudra coucher ici, nous chercherons un abri quand nos bêtes voudront marcher; mais que pensera mon homme? Je lui dirai que le *Gris* était trop fatigué pour s'en revenir ce soir chez nous, et il me pardonnera sans doute. J'aurais été si heureuse d'apporter quelque argent à mon Lavenou, et je vais me présenter à lui les mains vides! car je veux le serrer ce soir contre mon cœur. Dès que nos montures seront remisées, nous demanderons le chemin de la rue Basse, où loge ce cher enfant.

— Nous l'avons sans doute traversée, dit Rose, et nous avons peut-être passé sans nous en douter devant la demeure de mon cousin.

— Cela me déchire le cœur de penser que je suis ici depuis ce matin et que je ne l'ai pas vu, » reprit Madeleine avec douleur. Et la pauvre mère en pleurs s'assit sur le seuil de la maison voisine; puis, relevant la tête vers Rose: Écoute, ma fille, lui dit-elle à travers ses larmes, j'ai bon espoir pour demain matin; nous vendrons, et nous vendrons bien, avant l'arrivée des marchandes des environs; ce sera alors à notre tour de nous en retourner de bonne heure et fringantes sur nos montures. Mais qu'a donc le *Gris* à lever la tête en l'air et à braire ainsi au lieu de manger? Sainte Vierge, aurait-il pris mal? Dieu nous en préserve! Il flaire comme le font les chiens quand ils sentent leur maître, et il regarde toujours cette fenêtre là-haut. C'est sans doute un grenier à foin, car la maison n'est guère belle pour une habitation de ville. Qu'a-t-il donc ? »

La pauvre Rose, qui n'avait pas osé se plaindre de sa lassitude en face de l'énergie de sa tante, et qui n'était soutenue ni par la volonté opiniâtre ni par la nature nerveuse de Madeleine, s'était paisiblement endormie de ce bon et chaud sommeil de la jeunesse, qui saisit après la fatigue et endort aux souffrances le corps comme l'esprit. La jeune paysanne ne sentait ni le froid qui glaçait son visage, ni la faim qui tiraillait ses entrailles, ni les gouttes de pluie qui tombaient sur son front; elle dormait calme, heureuse, insouciante, rêvant le bonheur aussi bien sur cette froide pierre qu'elle aurait pu le faire sur un oreiller de satin. Les derniers reflets d'un terne crépuscule d'hiver se jouaient tristement sur son pâle visage, et son chapeau dénoué l'entourait d'une noire auréole, qui faisait ressortir toute la grâce et la poésie de sa tête souriante et belle comme celle des madones italiennes.

« Pauvre Rose! comme elle dort bien ! se dit

Madeleine après s'être penchée sur elle et avoir senti la vie, la jeunesse et la santé courir en un sang chaud et généreux dans les veines de la jeune femme. » Puis elle la couvrit de sa propre mantille et de la cape du *Gris*. « Il ne faudrait pas, pensait la tendre Mos, qu'une fluxion de poitrine fût la suite de son dévouement ; moi, je peux m'agiter, je ne prendrai pas mal. Elle est bien là, et les ânes aussi. Cette rue est déserte, personne n'y passe : tant mieux, nous ne serons pas dérangées. Nous pourrions peut-être même y passer toute la nuit : cela serait autant d'économisé.... Mais mon Lavenou que je ne verrai pas! car je ne peux pas laisser Rose toute seule ici.... »

Une rafale de vent vint interrompre le monologue de Madeleine et emporter sa mantille, qui, des genoux de Rose, descendit la rue en tournoyant jusqu'au boulevard, où la pauvre Mos la ramassa, toute souillée de neige et de boue. Elle la mit sécher sur les fagots que portait le *Gris* ; puis, épuisée, exténuée, elle se laissa aller à terre à côté de Rose, et s'endormit, non du sommeil bienfaisant de sa compagne, de ce sommeil réparateur propre à la jeunesse, qui donne au cœur sa souplesse et sa force, à l'esprit son repos et sa quiétude, mais de ce sommeil fiévreux qui fatigue et use autant qu'une veille agitée, et qui fait renaître, dans les tortures du cauchemar, les plus douloureuses pensées de la vie. Obsédée par ce sommeil, qui tient à la fois de l'engourdissement et du délire, Madeleine s'écriait de temps à autre d'une voix lamentable et rauque :

Qui veut du vinaigre? qui veut des sarments?

En ce moment une fenêtre, celle-là même que le *Gris* regardait avec tant d'obstination, s'ouvrit au-dessus de Madeleine; une tête s'avança, et une voix cria : « Eh! la bonne femme, pourriez-vous vite apporter ici quelques-uns de vos fagots de sarments? »

Madeleine, réveillée en sursaut, pensa d'abord que cette voix n'était qu'une illusion de son rêve; mais comme elle se fit entendre de nouveau, la Mos reconnut enfin la réalité. Elle frappa à la petite porte de la maison avec ses plus gros fagots sur la tête. Elle monta à tâtons un petit escalier roide et obscur, et, guidée par une faible lueur, qui perçait à travers les planches mal jointes d'une vieille porte, elle s'orienta vers la chambre d'où on l'avait appelée. Au bruit que firent les sarments heurtant contre les parois de l'étroit corridor, la même voix lui cria d'entrer. Madeleine ouvrit; mais, saisie de surprise et de douleur, elle laissa tomber ses fagots sur le seuil : la pauvre mère venait de reconnaître son fils pâle, inanimé, dans les bras d'un étranger qui s'efforçait en vain de le rappeler à la vie.

La Mos s'élança vers Marcel, le couvrit de larmes et de baisers, le réchauffa sur son sein et le mit promptement au lit. Pendant ce temps, l'inconnu, qui était le médecin dont Marcel avait cru pouvoir solliciter la protection, M. Rinas, allumait le feu, et, après s'être réchauffé les mains à la flamme vive qui éclairait la pauvre chambrette de reflets joyeux auxquels elle n'était guère accoutumée, il alla tâter silencieusement le pouls du jeune homme. La pauvre mère le regardait avec anxiété.

« Il est bien malade, n'est-ce pas? ne me cachez rien, dit-elle avec courage, je suis sa mère.

— Non, *la mère*[1], répondit le docteur, croyant

1. Dans le Midi, on appelle souvent *mère* les nourrices

que Madeleine, par un hasard heureux, se trouvait la nourrice de Marcel, le cas n'est pas grave. Ce n'est qu'une syncope occasionnée par le froid, le travail, la fatigue.... et la faim peut-être, » ajouta-t-il en baissant la voix.

Madeleine jeta un regard désespéré autour d'elle ; le misérable aspect de la chambre n'accréditait que trop cette dernière supposition.

« Ah ! mon Dieu ! s'écria-t-elle en se tordant les bras. Et j'étais ici ce matin, et j'aurais pu épargner à mon fils ce cruel évanouissement ! »

M. Rinas dit à Madeleine qu'il était arrivé du Dauphiné le matin même. Il avait appris que Marcel l'avait fait demander, il était accouru chez lui, pensant qu'il s'agissait d'une question importante pour son concours; il était loin de s'attendre à le trouver dans ce triste état. Malheureusement le vieux docteur appartenait à cette classe d'égoïstes qui s'intéressent au succès et non au malheur d'autrui. Son amitié pour Marcel diminuait donc rapidement en raison de la fâcheuse position dans laquelle il le voyait, et la présence de Madeleine parut le soulager visiblement. La bonne Mos, qui était descendue précipitamment, remonta bientôt avec Rose. En un clin d'œil, les deux femmes eurent donné un aspect confortable à la chambre et préparé pour Marcel de bons cordiaux. Pendant que Madeleine frottait les tempes de son fils avec son excellent vinaigre, qu'elle lui faisait avaler péniblement quelques gouttes de vieux vin entre ses lèvres contractées, Rose mettait devant le feu des pots de toute grandeur pour préparer des bouillons et des tisanes. Elle garnissait et allumait la petite lampe qu'on appelle *pompe* dans le pays, et que Marcel avait apportée de Fabriac pour s'éclairer le soir.

Cependant, comme le vieux docteur restait assez impassible, se bornant à ordonner quelques remèdes insignifiants : « Merci, lui dit Madeleine, qui, avec ce coup d'œil pénétrant qu'ont les mères pour lire dans le cœur de ceux qui entourent leur enfant, avait deviné un égoïste; merci, monsieur le docteur, vous vous êtes assez dérangé pour du pauvre monde comme nous. Donnez-moi seulement votre adresse, afin que ma nièce puisse aller vous chercher si mon fils se trouvait plus mal.... Mais, Rose, il me semble qu'il a remué! »

En effet, au moment où le docteur se retirait et fermait doucement la porte, Marcel se réveillait comme d'un long sommeil. Il semblait qu'il eût attendu, pour revenir à la vie, que ses yeux ne pussent s'arrêter que sur des êtres tendres et dévoués. Il se crut le jouet d'un doux rêve; mais quand il sentit les baisers et les larmes de sa mère inonder son visage, lorsque Rose lui offrit un bouillon, il fallut bien croire à la vérité. Marcel sourit à ses deux anges gardiens et avala le bienfaisant breuvage. Une heure après, il était assis sur son lit, réconforté, revenu à lui-même, et, la force de la jeunesse aidant, ses yeux avaient repris leur éclat, ses lèvres leur sourire, son cœur ses battements réguliers. Il se sentait heureux de vivre pour cette mère aimée penchée vers lui, pour l'espérance, pour l'amour. Rose et Madeleine l'entretenaient de sujets riants; elles voulaient lui faire trouver doux le réveil à l'existence. A l'aspect de sa chambre si joyeusement animée, si chaude et si bien éclairée, il oublia un moment le passé; son long évanouissement lui avait laissé cette confiance insouciante de l'enfant qui goûte les biens sans en rechercher la source, sans se demander s'ils dureront. Tout à coup, la vue du rosier mort gisant dans un coin, sa thèse froissée, dont les feuillets étaient épars sur la table, lui rappelèrent ses souffrances et le ramenèrent à la réalité. « Ah ! pourquoi m'avez-vous réveillé? » dit-il à sa mère.

Madeleine écoutait, l'oreille tendue et l'œil humide, les discours incohérents qui suivirent ces brusques paroles.

Rose, qui croyait son cousin en proie au délire de la fièvre, priait dans un coin. Mais Madeleine comprit que ce délire apparent n'était que l'accent d'un désespoir réel. Se penchant aussitôt vers le jeune malade, elle lui dit rapidement et à voix basse :

« Il te faudrait de l'argent, n'est-ce pas? Combien te faut-il ? Parle, mon fils, je te le donnerai !

— Hélas! ma mère, répondit Marcel, il me faudrait trois cents francs pour imprimer ma thèse, et c'est demain que je devrais la remettre à l'imprimeur !

— Trois cents francs, c'est beaucoup en effet, et pour demain c'est bien peu de temps, répondit Madeleine. On ne peut penser ni aux dames de Presle, qui sont loin, ni à ton père, qui ne pourrait rassembler si vite cette somme. Cependant calme-toi, car, j'en réponds, je me procurerai demain cet argent. »

Marcel désira qu'avant de tenter aucune autre démarche, sa mère s'adressât à M. Rinas. Bien qu'avec une certaine répugnance, Madeleine y consentit. S'enveloppant de sa mantille, elle recommanda à Rose son cousin, embrassa Marcel et courut chez le vieux docteur.

La pauvre Mos revint bien tard au petit logis de la rue Basse. Elle avait vu le riche docteur et n'avait rien obtenu. Les ânes étaient remisés dans une petite cour, au bas de l'escalier; Rose dormait sur une chaise. Marcel attendait, dans l'agitation de la fièvre, le retour de sa mère. Un regard lui apprit la triste vérité; mais Madeleine en atténua le douloureux effet en parlant de nouveaux projets qu'elle promit de lui révéler le lendemain matin, s'il consentait à s'endormir paisiblement.

Au point du jour, Marcel dormait encore; ses paupières étaient closes par un sommeil doux et réparateur. Sa respiration était régulière, son pouls calme. Madeleine avait préparé sans bruit le départ de Rose. La réveillant doucement :

« Ma fille, lui dit-elle, il faut partir; j'ai bâté et

bridé ton ânesse, car je veux qu'avant ce soir tu puisses retourner à Fabriac. Nos hommes doivent être très-inquiets sur nous et nos ânes. Tu diras à mon mari que Marcel est souffrant, et il ne me blâmera pas d'être restée pour le soigner ; adieu, ma fille.

— Ma tante, répondit Rose, je ne veux pas vous laisser ainsi toute seule avec un malade. Qui vendrait nos charges ?

— Vois, reprit Madeleine, ce qu'il en reste ; quelques fagots de sarments qui suffiront à peine à réchauffer la chambre.... Ton cousin aura besoin aussi des autres provisions. Il n'y a que le vinaigre qui soit inutile. Prends-le pour le vendre en t'en allant. Tu auras de quoi déjeuner, toi et ton ânesse. »

Ce fut en vain que Rose insista pour rester ; Madeleine s'y opposa avec une douce fermeté, et le soleil levant éclaira la jeune paysanne criant à plein gosier son vinaigre à travers les faubourgs.

Dès que la pauvre Mos eut perdu de vue sa nièce, et qu'elle se fut assurée que le sommeil de Marcel était calme et profond, elle mit sa mantille et descendit.

« Mon pauvre *Gris*, dit-elle en prenant son âne par la bride, nous allons nous séparer pour toujours. Je te regrette, car tu es un bon et robuste serviteur. Hier encore tu as montré ton instinct en t'arrêtant devant la maison de ton jeune maître.... Ah! quel sacrifice! Allons, mon pauvre *Gris!* un peu de courage! c'est le dernier et le plus grand service que tu me rendras. »

Le *Gris*, comme s'il avait compris le monologue de sa maîtresse, marchait piteusement, la tête basse, ainsi qu'une victime menée au supplice. La pauvre Madeleine, mesurant sa valeur à l'affection qu'elle lui portait, s'imaginait tirer au moins cent écus de sa bête chérie. Hélas! il lui fallut bien rabattre de ses prétentions. Après avoir couru toutes les auberges, les places, le marché, après avoir entendu exagérer injurieusement l'âge de la fidèle monture, décrier ici sa force et son pelage, ailleurs ses dents et ses jambes, après avoir reçu des offres si minimes qu'elles lui parurent insultantes, la pauvre Mos finit par s'estimer fort heureuse qu'une blanchisseuse voulût bien acheter son cher âne pour la somme de quatre-vingts francs. La bonne Madeleine pleura beaucoup en laissant son cher *Gris* entre les mains de la vieille villageoise, jaune, ridée comme du parchemin, et dont les mains, à force d'avoir lavé et tordu du linge au soleil et au froid, étaient devenues dures et sèches comme de vrais battoirs.

« Allons, dit-elle à Madeleine, ne dirait-on pas que vous vous séparez d'un enfant ? Ah ! *pécaïre* il faut que tout le monde ait son tour. Je me suis bien privée d'âne pendant quinze ans, moi ! Maintenant ce sera à vous d'aller à pied et de porter la charge. »

Et ce disant, elle entassait une montagne de hardes sales sur la croupe du *Gris*, qui chassait à grands coups d'oreilles, d'un air étonné, les loques qui pendillaient sur ses yeux.

« Vous le soignerez bien, n'est-ce pas ? » dit Madeleine en regardant le pauvre animal avec un profond regret.

Ce n'était plus le même le *Gris*, trottant menu, les oreilles au vent, la voix sonore, le crin lissé, la queue frétillante. C'était un âne triste et passif, un âne de blanchisseuse, disparaissant sous un amas informe de chiffons, se traînant avec lenteur pour suivre sa nouvelle maîtresse, que les clientes retiennent à chaque porte, âne martyr, destiné à attendre à l'ardeur du soleil de l'été que le linge soit séché, et au froid de l'hiver que le linge soit apprêté. « Ah ! pauvre *Gris*, pensait Madeleine combien tu regretteras ta liberté champêtre, ta chaude écurie, ta litière de fraîche paille, ta feuillée de mûrier et le déjeuner de son que je t'apportais tous les matins ! »

Le harnachement de l'âne avait été alloué à la blanchisseuse pour vingt francs. Madeleine tournait et retournait en tous sens le billet de cent francs que la paysanne avait tiré de son fichu. Depuis quinze ans en effet, la blanchisseuse amassait sou à sou cette somme destinée à l'achat d'un âne, et depuis huit jours qu'elle avait complété son trésor, elle le mettait chaque matin dans son sein et partait de Celleneuve pour Montpellier, espérant échanger le précieux papier contre son rêve à quatre pattes et à longues oreilles. C'était la première fois que la paysanne trouvait ce qu'elle désirait, un bel âne, jeune, fort et d'un prix raisonnable. Aussi, lorsqu'elle rentra dans Celleneuve, un *haâ !* formidable l'annonça à toute la contrée. Ce *haâ!* d'allégresse et de triomphe, sorti de la bouche éraillée de sa nouvelle maîtresse, scandalisa tellement le *Gris*, habitué à la voix douce de Madeleine, qu'il rua d'épouvante, sauta, tourna, s'emporta et renversa enfin toute sa charge sur les ronces qui bordaient le chemin. Grand désastre dans le linge, grande fureur de la blanchisseuse ! Madeleine n'était pas là pour sauver son cher *Gris* de la plus terrible volée de coups de bâton que le pauvre animal eût jamais reçue.

« *Pécaïre !* disait la bonne Mos en regardant toujours d'un air piteux son mince papier, ce n'est là que le tiers de la somme qu'il me faut. Je ne veux pas rentrer sans apporter le tout à Marcel, et je ne possède plus rien, rien que mes bras ! »

Elle était arrivée en ce moment à la porte de l'église de Saint-Pierre; elle y entra pour demander une inspiration à Dieu. En sortant, elle vit sur le porche un groupe de femmes qui causaient entre elles; à leur costume, elle reconnut des paysannes des Cévennes.

« Je viens, disait l'une, de traiter pour la saison ; on me prend à raison de deux cents francs.

— Moi, disait une autre, je serai nourrie, logée, blanchie, et j'aurai trois francs par jour.

— Je suis mieux traitée que vous, reprenait une troisième ; je me suis placée chez un petit particulier qui ne veut se mêler de rien, et j'aurai la moitié des bénéfices. Ce sera joli, car je réussis toujours mes *chambrées.* »

Madeleine prêtait une oreille attentive. Elle comprit qu'il s'agissait de l'éducation des vers à soie, et, bien que les Languedociens n'aient de confiance que dans l'habileté des Cévenoles pour diriger leurs magnaneries, elle résolut de s'offrir comme éleveuse de *magnans.* « Mon homme finira bien par me pardonner, se dit-elle, de le quitter pendant un mois au printemps, puisqu'il s'agit du bonheur de mon fils ! »

Se rapprochant des Cévenoles, elle les pria de lui indiquer comment il fallait s'y prendre pour se louer. Celles-ci, étant déjà toutes pourvues, lui donnèrent d'assez bonne grâce l'adresse de plusieurs bourgeois en quête de *magnanières.* Madeleine alla s'adresser à celui qui logeait le plus près de là.

C'était un vieux bourgeois qui possédait quelques mûriers, et qui, voulant les utiliser sans se donner de mal, cherchait une personne pour traiter à demi-fruit. Cet arrangement ne pouvait convenir à Madeleine; elle se rendit ailleurs. Cette fois, une vieille dame lui demanda d'un ton maussade comment elle pouvait se présenter n'étant pas Cévenole, et lui ferma la porte au nez en grommelant d'avoir été dérangée pour rien.

Plus loin, ce fut un fermier qui ne pouvait payer d'avance; puis un propriétaire exigeant qui demandait des preuves de savoir-faire. Madeleine était épuisée de fatigue, d'ennui et de découragement, lorsqu'elle frappa à la porte du dernier bourgeois. Grâce au ciel, il se trouva que c'était un petit commerçant bon et jovial, qui voulait tâter de l'agriculture; il venait d'acheter une *mûriéraie* et une étable qu'il devait convertir en magnanerie. Il était fort novice dans son nouvel état; la figure douce, franche, et l'allure honnête de Madeleine lui plurent beaucoup : il accepta ses conditions sans marchander. Il connaissait un peu maître Lavène pour lui avoir vendu autrefois un pressoir de rencontre. Après s'être étonné que Madeleine se décidât à quitter Fabriac pour l'éducation si pénible et si chanceuse des vers à soie, il lui confia sa *graine* pour qu'elle pût la faire éclore en son temps, et promit que, lorsqu'elle viendrait avec les petits vers éclos à la fin d'avril, l'étable serait toute prête pour sa nouvelle destination. La difficulté était d'obtenir les deux cents francs convenus d'avance. Madeleine raconta la vérité, et le bon bourgeois, ayant réfléchi qu'un peu plus tôt ou un peu plus tard il faudrait toujours finir par payer, lui remit, séance tenante, un billet de banque de cette somme.

« Voilà ma liberté engagée pour un certain temps, dit la pauvre villageoise en serrant contre son cœur ce second petit papier si précieux ; mais je ne la regrette pas. »

La Mos s'assit sur un banc écarté de l'Esplanade. Ses jambes ne pouvaient plus la porter; elle était près de se trouver mal. Le soleil, qui montait dans le ciel, annonçait près de midi. « Marcel s'est-il réveillé? S'il avait repris ses idées sinistres en ne me voyant pas reparaître ? » pensa la pauvre femme avec un frisson, et elle tâcha de se traîner vers la rue Basse.

Elle marchait lentement et avec effort, exténuée de fatigue, d'inanition, et les deux mains dans son tablier à cause du froid. Pliée en deux, vieillie de dix ans, les lèvres pâles, les pommettes en feu, la pauvre mère arriva chez son fils; puis, lui tendant ses deux billets de banque : « Mon Lavenou, tu es sauvé! » dit-elle. Et la malheureuse femme, à bout de force et de courage, tomba inanimée dans les bras de Marcel.

XX

Marcel ranima sa mère sous ses baisers, et, la déposant doucement sur son lit, il la soigna avec amour. Madeleine se souleva, et d'une voix mourante : « Va, mon fils, dit-elle, va vite porter ta thèse; il serait trop tard. »

Et comme Marcel, refusant de la quitter, insistait pour savoir par quel miracle elle avait pu réunir en si peu de temps une si forte somme, elle lui fit signe qu'elle parlerait à son retour, désirant pour le moment la solitude et le silence. Marcel s'élança dans la rue, son manuscrit en main, et courut chez l'imprimeur. A son retour, il retrouva Madeleine assise près du feu, la figure sereine, bien que pâlie par la souffrance.

« Ce qui me remettra le plus vite, mon Lavenou, dit-elle à son fils, ce sera ton succès; il me dédommagera de tout. Maintenant viens me lire cette jolie lettre, qui est, j'en suis sûre, de Mlle Noélie. »

La mère et le fils reprirent, à cette douce lecture, leurs rêves d'espoir et de bonheur. Malgré sa résistance, Madeleine fut obligée d'avouer l'origine des trois cents francs, et Marcel pleura sur les sacrifices qu'avait faits la tendre femme pour lui rendre la joie et le bonheur.

Vers le soir, Madeleine fut prise d'une fièvre ardente. Marcel à son tour veilla et pria, plein d'anxiété, au chevet de son lit, et deux jours après, lorsque le garçon de l'imprimerie apporta les *épreuves* des thèses, Marcel, qui avait fondé sur elles son meilleur espoir et son plus grand bonheur, les reçut d'un œil triste, s'écriant d'une voix navrée : « Voilà peut-être le prix de la vie de ma mère ! »

Le malheureux jeune homme suivait avec désespoir les progrès d'une pleurésie des plus graves, produite par le froid, les émotions et la fatigue que la pauvre femme avait endurées depuis son départ de Fabriac. Désolé et comme en proie à un affreux remords, il n'osait pas assumer sur lui toute la responsabilité des soins à donner à sa mère ; mais Madeleine refusait tout secours étranger.

« Mon Lavenou, dit-elle avec tendresse à son fils, je t'en prie, guéris-moi toi-même, et, si tu ne le peux tout seul, c'est alors que le bon Dieu me demande. »

La bonne Mos exigea que son fils la quittât pour aller déposer sa thèse à la Faculté de médecine. La pauvre femme n'avait qu'une pensée : celle du triomphe de son fils. Elle l'encourageait et l'exhortait de sa voix affaiblie. Marcel avait voulu plusieurs fois faire venir son père, mais Madeleine s'y était toujours opposée.

« Épargne-lui le douloureux spectacle de mon agonie, lui disait-elle avec une secrète terreur. Il ne pourrait diminuer mon mal. Je veux lui dire adieu, mais il n'est pas temps encore. Il viendra avec Rose me fermer les yeux, car je désire vous avoir tous à mon dernier moment ; mais Dieu me fera, j'espère, la grâce de pouvoir t'embrasser professeur avant que je retourne à lui. »

Puis elle le grondait doucement lorsque ému

et navré des souffrances de sa mère, il abandonnait en sanglotant la thèse de concours sur laquelle il devait argumenter.

Madeleine s'éteignait doucement comme elle avait vécu.

« Ma tâche est accomplie, disait-elle à son fils en lui serrant les mains. Dieu m'a laissée à ton enfance pour la bercer et la nourrir, à ta jeunesse pour la guider dans le chemin qui s'ouvre devant elle; je serais maintenant inutile. . . .

. . . .

« Je laisse une dette sacrée, Rose l'acquittera en souvenir de sa pauvre tante. Tu la prieras de me remplacer au mois d'avril à la magnanerie où je m'étais louée, et le bon monsieur qui a eu confiance en moi gagnera à l'échange : car, au lieu d'une vieille et faible magnanière, il en aura une jeune, forte et alerte. »

Toute la crainte de la Mos était de ne pas vivre jusqu'au jour de la nomination de son fils. Elle se sentait plus faible d'heure en heure, et n'osait demander un prêtre, de peur de causer à Marcel une recrudescence d'émotions et de douleurs, qui, pensait-elle, pourrait le paralyser au moment si décisif de la discussion de sa thèse.

Aussi simple dans sa foi religieuse qu'elle était forte dans sa tendresse, la pauvre Mos s'imaginait faire le dernier et le plus grand des sacrifices à son fils : celui de son âme.

Le grand jour de la discussion de la thèse arriva. Le jeune homme quitta sa mère après une fervente prière. Madeleine avait trouvé la force de s'asseoir sur son séant pour mieux voir son fils, et lui dire en l'embrassant d'une étreinte passionnée : « Courage, mon Lavenou ! tu vas combattre pour l'amour de Noélie, pour ton bonheur, pour ta mère !... »

A peine le bruit des pas de Marcel se perdait-il dans l'escalier, que la pauvre femme, épuisée par cet effort suprême, retombait livide sur son oreiller. Marcel soutint sa thèse avec un talent remarquable. Les étudiants le ramenèrent en triomphe, et les juges fixèrent au lendemain la proclamation du nom du vainqueur. Madeleine avait entendu de son lit le cortége joyeux qui accompagnait son fils.

« Maintenant je puis mourir, lui dit-elle en l'embrassant ; ton bonheur est assuré, et mon jour le plus doux sera celui où j'irai remercier Dieu d'avoir exaucé mes prières. Je sens qu'il me reste peu d'heures à vivre, écris à ton père. Le chagrin qu'il éprouvera de ma mort sera adouci par ton triomphe. Va me chercher un prêtre, mon Lavenou, et puis tu ne me quitteras plus. »

Madeleine n'eut d'autre péché à confesser au digne curé de Saint-Pierre que sa tendresse passionnée pour Marcel, cause, disait-elle, de plusieurs fautes de sa vie. La pauvre femme appelait faute ce qui était de l'héroïsme, et le vénérable prêtre n'avait jamais donné l'absolution à une âme plus pure. Madeleine se trouva calme, sereine, heureuse, après avoir reçu les secours de la religion ; il lui semblait goûter d'avance les joies célestes, et la nuit fut presque douce pour la créature angélique qui se sentait mourir saintement sans l'agonie du corps et sans l'agonie de l'âme.

Marcel avait envoyé un exprès à Fabriac. Au point du jour, une petite charrette conduite par l'ânesse de Rose amenait Jean, sa femme et maître Lavène devant la pauvre maison de la rue Basse. Rose et Jean pleuraient. Maître Lavène fut saisi d'une émotion profonde à la vue de sa pauvre femme mourante.

« *Pécaïre!* mon homme, dit la mourante avec sa bonté et son abnégation ordinaires, je vous fais faire bien du chemin avec le froid pour recevoir mon dernier adieu ; mais je n'ai pas voulu m'en aller dans l'autre monde sans vous voir encore une fois et vous prier de bénir votre fils. »

Marcel plia un genou devant son père, et Madeleine reprit :

« Mon homme, vous pourrez vous glorifier dans votre fils, il sera nommé professeur dans quelques heures. Dites-moi que vous aimerez Noélie comme votre fille, et je mourrai tranquille. »

Maître Lavène bénit son fils et l'embrassa ; puis il se pencha sur le lit de Madeleine, et laissant tomber sur elle des pleurs de regret et de douleur, les premiers qu'il eût versés :

« Femme, dit-il, Noélie et Marcel seront mes enfants bien-aimés, aussi vrai que tu es là mourante, je te le jure sur ce crucifix. » Et il étendit la main sur une petite croix d'argent que Madeleine pressait dans ses doigts roidis.

Le cœur de maître Lavène était bon, la rude écorce qui l'enveloppait tombait peu à peu. Il était comme ces arbres noueux et robustes, dont les troncs en vieillissant perdent morceau à morceau leur enveloppe rugueuse, laissant à nu un bois frais et sain. Au moment de dire un éternel adieu à sa compagne, il l'aima sans égoïsme, et fut pénétré de la perte immense qu'il allait faire en elle.

La journée s'écoulait avec une lenteur désespérante ; la malade s'affaiblissait graduellement et sans crise. Lavène, silencieux, recueilli, essuyait à la dérobée une larme qui coulait sur sa barbe grisonnante. La vue de ce chagrin muet, de ces rares pleurs qui sillonnaient son mâle visage, était d'une navrante éloquence : la force et l'énergie étaient domptées par la douleur. Jean et Rose sanglotaient dans un coin ; Marcel, immobile et pâle au chevet de Madeleine, attendait le dernier regard de sa mère. La faible voix de la pauvre Mos se faisait seule entendre, adressant à ceux qui l'entouraient un adieu paisible et de douces consolations.

Tout à coup, le roulement d'une chaise de poste retentit dans la petite rue Basse ; le postillon faisait claquer joyeusement son fouet pour célébrer une heureuse arrivée, et les grelots des chevaux, bruyamment agités, semblaient le langage insouciant du plaisir. Cette voiture était celle de la famille de Presle, qui revenait, comme Noélie l'avait promis à son fiancé, pour couronner le front du nouveau professeur. A l'instant où l'on proclamait la nomination du jeune homme à l'École de médecine, la brillante calèche s'arrêtait sous la pauvre chambre où se mourait Madeleine. Noélie, éclatante de beauté, de bonheur et d'amour, s'élança légèrement vers la demeure de Marcel, tandis que sa mère la suivait avec peine en tâchant de s'orienter dans l'escalier obscur où une maigre corde servait de rampe.

Le pâle visage de Madeleine s'illumina d'une expression radieuse à la vue de la jeune fille.

« Vous êtes l'ange qui m'ouvrez les portes du paradis. Ah!... Dieu a exaucé tous mes vœux, je vais mourir heureuse!... Je n'ai qu'un fils, l'enfant de ma tendresse, pour lequel j'ai vécu, et pour lequel je meurs.... Je vous le donne, à vous qu'il aime.... »

La pauvre Mos ne put dire que ces mots, sa voix s'éteignit; elle enveloppa Marcel de son dernier regard, joignit les mains et mourut.

Quelques instants après, un bruit sourd retentit à la porte d'entrée. On aurait dit que le marteau avait aussi revêtu le deuil de cette triste maison, et qu'on frappait ainsi pour ne point troubler la famille affligée. Maître Lavène descendit et trouva dans la rue le pauvre *Gris*, qui faisait de vains efforts pour ouvrir avec sa tête. La bonne bête avait-elle eu l'intuition de la mort de sa maîtresse, et venait-elle aussi lui dire son dernier adieu ? Toujours est-il qu'une femme en courroux, et le bâton à la main, ne tarda pas à rejoindre l'âne.

« Ah ! dit-elle à Lavène, quelle mauvaise idée j'ai eue d'acheter cet âne ! Toutes les fois que je passe dans cette rue, il s'arrête ici, et je ne puis l'en arracher. Tout à l'heure il a jeté sa charge par terre et s'est sauvé. Je suis tout essoufflée pour avoir couru après lui ; mais je savais bien où le retrouver. Ah ! si je pouvais le revendre ce qu'il m'a coûté ! J'étais bien plus tranquille lorsque je portais mon linge moi-même, bien plus heureuse ! »

Lavène, fort surpris, car il se croyait toujours le possesseur de l'excellent animal, demanda l'explication de cette énigme. La blanchisseuse lui raconta le marché fait avec Madeleine, et fut ravie lorsqu'il lui proposa de le résilier. Pendant qu'elle s'éloignait en s'étonnant de l'aventure, maître Lavène caressait le *Gris*, et laissant tomber une larme sur sa rude crinière :

« Ma pauvre Madeleine, dit-il, aura un enterrement bien modeste ; elle aura du moins pour la mener à la tombe tout ce qu'elle a le plus aimé sur la terre ! Avec le prix de notre *Gris*, j'aurais pu lui faire un beau convoi, mais je suis sûr qu'elle aimera mieux être conduite par sa bonne monture que par des pénitents blancs ou bleus. »

Vers le soir, une petite charrette tendue de noir et traînée par le *Gris* prenait le chemin de Fabriac. Une jeune femme assise sur le chariot lugubre pleurait près de la bière, et trois hommes silencieux suivaient le cercueil dans un morne désespoir. C'était le corps de Madeleine qui s'acheminait vers sa dernière demeure. Quand on arriva au pied du mont Saint-Loup, il fallut porter Marcel, à moitié évanoui, sur le char mortuaire, et le fils qu'avait tant aimé Madeleine sembla recueillir sur sa dépouille mortelle comme un dernier souffle de sa tendresse.

XXI

La grotte de Saint-Loup est plus poétique et plus mystérieuse que jamais. Le capillaire a repoussé, l'eau limpide de la source se suspend en diamants sur ses rameaux flexibles, et le ruisseau coule doucement entre deux rives fleuries. Un épais gazon couvre la terre, et des branches de rosiers du Bengale tapissent les flancs du rocher de leurs élégantes guirlandes, qui retombent en lourds bouquets sur le sol. Cette grotte silencieuse, qui fut autrefois l'asile de l'amour, est aujourd'hui celui de la mort. Mos de Lavène y repose sous le vert gazon qui s'étend sur elle comme un manteau de velours. L'éclat des roses du Bengale qui fleurissent sur sa tombe trahit les soins de Noélie.

Un petit enfant aux cheveux flottants, à la blanche tunique, égaye le tableau. Ses yeux bleus, son profil délicat et sa douce nature, rappellent celle qui, du haut des cieux, lui a servi de marraine. C'est la fille de Noélie et de Marcel; elle aime à jouer avec les roses du tombeau de la pauvre Mos, son aïeule. Parfois, un âne caduc et blanchi se traîne, en broutant quelques feuilles sèches, aux alentours de la grotte.

La place de Fabriac a toujours ses grands micocouliers, sa fraîche fontaine et son public bruyant. Sur le passage des châtelains de Saint-Loup, les paysans suspendent leurs travaux, les enfants leurs ébats, les jeunes gens leurs danses; tous se découvrent avec respect, et, pensant au bonheur qu'aurait éprouvé la bonne Mos si elle avait vécu, et au dévouement maternel qui a causé sa mort : « *Pécaïre!* disent-ils avec regret, *pécaïre!* »

FIN.

Ch. Lahure et Cie, imprimeurs du Sénat et de la Cour de Cassation, rue de Vaugirard, 9, près de l'Odéon.

BIBLIOTHÈQUE VARIÉE

NOUVELLE COLLECTION IN-18 JÉSUS.

On peut se procurer chaque volume de cette collection relié; le prix de la demi-reliure, dos en chagrin, est de 1 franc 50 centimes; tranches dorées, 1 fr. 75 c.; avec plats dorés, 2 fr. 10 c.

I. LITTÉRATURE CONTEMPORAINE.

(A 3 FR. 50 C. LE VOLUME.)

About (Ed.) : *La Grèce contemporaine.* 3e édition. 1 vol.

— *Nos artistes au salon de* 1857. 1 vol.

Balzac (H. de) : *Théâtre*, contenant *Vautrin, les ressources de Quinola, Paméla Giraud, la Marâtre.* 1 vol.

Barrau (Th. H.) : *Histoire de la Révolution française* (1789-1799). 1 vol.

Bautain (l'abbé) : *La belle saison à la campagne.* 2e édition. 1 vol.

Bayard (J. F.) : *Théâtre*, avec une Notice de M. Eugène Scribe, de l'Académie française. 12 vol.

Chaque volume se vend séparément.

Belloy (marquis de) : *Le chevalier d'Aï*, ses aventures et ses poésies. 1 vol.

— *Légendes fleuries*, 1 vol.

Brizeux (A.) : *Histoires poétiques*, suivies de *l'Inspiration*, ou poétique nouvelle. 1 vol.

Ouvrage couronné par l'Académie française.

Busquet (A.) : *Le poëme des Heures.* 1 vol.

Caro (E.) : *Études morales sur le temps présent.*

Ouvrage couronné par l'Académie française.

Carrel (Armand) : *OEuvres littéraires.* 1 vol.

Castellane (comte P. de) : *Souvenirs de la vie militaire en Afrique.* 3e édition. 1 vol.

Champfleury : *Contes d'été.* 1 vol.

Charpentier : *Les écrivains latins de l'empire.* 1 vol.

Dargaud (J. M.) : *Histoire de Marie Stuart.* 1 vol.

— *Voyages aux Alpes.* 1 vol.

Daumas (général E.) : *Mœurs et coutumes de l'Algérie* (Tell, Kabylie, Sahara). 3e édition. 1 vol.

Énault (L.) : *Constantinople et la Turquie*, tableau historique, pittoresque, statistique et moral de l'empire ottoman. 1 vol.

— *La Norvége.* 1 vol.

— *La terre sainte*, voyage des quarante pèlerins de 1853, avec la carte de la Palestine et le panorama de Jérusalem. 1 vol.

Eyma (X.) : *Les deux Amériques*, histoire, mœurs et voyages. 1 vol.

— *Les femmes du nouveau monde.* 1 vol.

— *Les Peaux-Rouges*, scènes de la vie indienne. 1 vol.

Fétis : *La musique mise à la portée de tout le monde ;* exposé succinct de tout ce qui est nécessaire pour juger de cet art, et pour en parler sans en avoir fait une étude approfondie. Deuxième édition, suivie d'un dictionnaire des termes de musique, et d'une bibliographie de la musique. 1 vol.

Figuier (L.) : *L'alchimie et les alchimistes*, ou essai historique et critique sur la philosophie hermétique. 2e édition. 1 vol.

— *L'Année scientifique et industrielle*, 1re année (1856). 1 vol.; 2e année (1857). 1 vol.; 3e année (1858). 2 vol.

Gautier (Th.) : *Un trio de romans*. 1 vol.

Gérard de Nerval : *Le rêve et la vie*. 1 vol.

— *Les illuminés*, ou les Précurseurs du socialisme. 1 vol.

Gotthelf (J.) : *Nouvelles bernoises*, traduites par M. Max Buchon. 2e édit. 1 vol.

Houssaye (A.) : *Histoire du quarante et unième fauteuil de l'Académie française*. 4e édition. 1 vol.

— *Le violon de Franjolé*. 6e édit. 1 vol.

— *Poésies complètes*. 4e édition. 1 vol.

— *Voyages humoristiques*. 1 vol.

Hugo (Victor) : *Théâtre*. 3 volumes :

TOME I : Lucrèce Borgia, Marion Delorme, Marie Tudor, la Esméralda, Ruy-Blas.

TOME II : Hernani, le Roi s'amuse, les Burgraves.

TOME III : Angelo, procès d'Angelo et d'Hernani, Cromwell.

— *Les Contemplations*. 2 vol.

— *Les Enfants*, livre des mères, extrait des œuvres poétiques de l'auteur. 1 v.

Jouffroy (Th.) : *Cours de droit naturel*. Nouvelle édition. 2 vol.

Lamartine (Alph. de) : *Œuvres*. 9 vol.

Méditations poétiques. 2 vol.
Harmonies poétiques. 1 vol.
Recueillements poétiques. 1 vol.
Jocelyn. 1 vol.
La chute d'un ange. 1 vol.
Voyage en Orient. 2 vol.
Lectures pour tous. 1 vol.

— *Histoire de la Restauration*. 8 vol.

Lanoye (Ferd. de) : *L'Inde contemporaine*. 2e édition. 1 volume contenant une carte.

— *Le Niger* et les explorations de l'Afrique centrale, depuis Mungo-Park jusqu'au docteur Barth. 1 vol.

Lenient : *Histoire de la satire populaire au moyen âge*. 1 vol.

Libert : *Histoire de la chevalerie*. 1 vol.

Lutfullah : Mémoires traduits de l'anglais et annotés par l'auteur de l'*Inde contemporaine*. 1 vol.

Marmier (X.) : *Les fiancés du Spitzberg*. 1 vol.

— *Lettres sur le Nord*. 5e édition. 1 vol.

— *Un été au bord de la Baltique et de la mer du Nord* (Dantzig; Oliva; Marienbourg; la côte de Poméranie; l'île de Rugen; Hambourg; l'embouchure de l'Elbe; Helgoland). 1 vol.

Méry : *Mélodies poétiques*. 1 vol.

Michelet : *L'Oiseau*. 5e édition. 1 vol.

— *L'Insecte*. 2e édition. 1 vol.

Milne (W. C.) : *La vie réelle en Chine*, traduite de l'anglais par M. Tasset, et annotée par G. Pauthier. 1 vol.

Molé-Gentilhomme et **Saint-Germain Leduc** : *Catherine II*, ou la Russie au XVIIIe siècle; scènes historiques. 1 vol.

Montfort (le capitaine) : *Voyage en Chine*, avec un appendice historique sur les derniers événements, par *George Bell*. 1 vol.

Mornand (F.) : *La vie des eaux*, contenant les bains de mer et les eaux thermales, avec des notes sur la vertu curative des eaux, par le Dr *Roubaud*. 2e édition. 1 vol.

Mortemart-Boisse (baron de) : *La vie élégante à Paris*. 2e édition. 1 vol.

Nodier (Ch.) : *Les sept châteaux du roi de Bohême ; les quatre talismans*. Édition illustrée. 1 vol.

Nourrisson (J. F.) : *Les Pères de l'Eglise latine*, leur vie, leurs écrits, leur temps. 2 vol.

Orsay (comtesse d') : *L'ombre du bonheur*. 1 vol.

Patin (Th.) : *Études sur les tragiques grecs*. 2e édition. 4 vol.

Perrens (F. T.) : *Jérôme Savonarole* d'après les documents originaux et avec des pièces justificatives en grande partie inédites. 2e édition. 1 vol.

Ouvrage couronné par l'Académie française.

— *Deux ans de révolution en Italie* (1848-1850). 1 vol.

Pfeiffer (Mme Ida) : *Voyage d'une femme autour du monde*, traduit de l'allemand, avec l'autorisation de l'auteur, par *W. de Suckau*. 1 vol.
— *Mon second voyage autour du monde*, traduit de l'allemand, avec l'autorisation de l'auteur, par *W. de Suckau*. 1 vol.
Rougebief (Eug.) : *Un fleuron de la France*. 1 vol.
Saint-Félix (J. de) : *Les nuits de Rome*, 1 vol.
Saintine (X.-B.) : *Picciola*. 1 vol.
— *Seul!* 1 vol.
Scudo (P.) : *Critique et littérature musicales*. 2 vol.
— *Le chevalier Sarti*. 1 vol.
Simon (Jules) : *La liberté de conscience*. 3e édition. 1 vol.
— *La religion naturelle*. 4e édition. 1 vol.
— *Le devoir*. 5e édition. 1 vol.
Ouvrage couronné par l'Académie française.
Soltykoff (prince A.) : *Voyages dans l'Inde et en Perse*, avec une carte. 1 vol.
Sudre (A.) : *Histoire du communisme*, ou réfutation historique des utopies socialistes. 1 vol.
Ouvrage couronné par l'Académie française.
Taine (H.) : *Essai sur Tite Live*. 1 vol.
Ouvrage couronné par l'Académie française.
— *Essais de critique et d'histoire*. 1 vol.
— *Les Philosophes contemporains*. 1 vol.
— *Voyage aux Pyrénées*. 2e édit. 1 vol.
Théry : *Conseils aux mères*. 2 vol.
Töpffer (R.). : *Nouvelles genevoises*. 1 vol.
— *Rosa et Gertrude*. 1 vol.
— *Le presbytère*. 1 vol.
— *Réflexions et menus propos d'un peintre genevois*, ou Essai sur le beau dans les arts. 1 vol.
Troplong : *De l'influence du christianisme sur le droit civil des Romains*. 1 vol.
Warren (comte Edouard de) : *L'Inde anglaise avant et après l'insurrection de 1857*. 3e édition, revue et considérablement augmentée. 2 vol.
Zeller (J.) : *Episodes dramatiques de l'histoire d'Italie*. 1 vol.

II. ŒUVRES COMPLÈTES DES PRINCIPAUX ÉCRIVAINS FRANÇAIS.

(A 2 FRANCS LE VOLUME.)

Boileau : *Œuvres complètes*. 1 vol.
Notice sur Boileau, — Satires, — Épîtres. — Art poétique, — Le Lutrin, — Poésies diverses, — Œuvres diverses en prose, — Réflexions sur Longin, — Traité du sublime, — Lettres.

Corneille : *Œuvres complètes*. 5 vol.
TOME I : Notice sur P. Corneille, — Mélite, — Clitandre, — la Veuve, — les Galeries du palais, — la Suivante, — la Place royale, — Médée, — l'Illusion, — le Cid.
TOME II : Horace, — Cinna, — Polyeucte, — Pompée, — le Menteur, — la suite du Menteur, — Théodore, — Rodogune, — Héraclius, — Andromède.
TOME III : Don Sanche d'Aragon, — Nicomède, — Pertharite, — Œdipe, — la Conquête de la Toison d'or, — Sertorius, — Sophonisbe, — Othon, — Agésilas, — Attila, — Tite et Bérénice.
TOME IV : Psyché, — Pulchérie, — Suréna, — l'Imitation de Jésus-Christ, — l'Office de la sainte Vierge.
TOME V : Psaumes, — Hymnes, — Prières, — Poésies diverses, — Poëmes sur les victoires du roi, — Poésies latines, — Discours, Lettres, — Œuvres choisies de Thomas Corneille.

La Fontaine : *Œuvres complètes*. 2 vol.
TOME I : Notice sur La Fontaine, — Fables, — Contes.

Tome II : Théâtre, — Poésies diverses, — Opuscules en prose, — Lettres.

Molière : *Œuvres complètes.* 2 vol.

Tome I : Notice sur Molière, — la Jalousie de Barbouillé, — le Médecin volant, — l'Étourdi, — le Dépit amoureux, — les Précieuses ridicules, — Sganarelle, — Don Garcie de Navarre, — l'Ecole des maris, — les Fâcheux, — l'École des femmes, — la Critique de l'École des femmes, — l'Impromptu de Versailles, — le Mariage forcé, — la princesse d'Élide, — les Plaisirs de l'île enchantée, — Don Juan, — l'Amour médecin, — le Misanthrope.

Tome II : Le Médecin malgré lui, — Mélicerte, — le Sicilien, — le Tartufe, — Amphitryon, — l'Avare, George Dandin, — Relation de la fête de Versailles, — M. de Pourceaugnac, — les Amants magnifiques, — le Bourgeois gentilhomme, — Psyché, — les Fourberies de Scapin, — la Comtesse d'Escarbagnas, — les Femmes savantes, — le Malade imaginaire, — Poésies diverses.

Montaigne (M.) : *Essais*, précédés d'une lettre à M. Villemain sur l'éloge de Montaigne, par E. Christian. 1 vol.

Montesquieu : *Œuvres complètes.* 2 vol.

Tome I : Notice sur Montesquieu, — Esprit des lois.

Tome II : Grandeur et décadence des Romains, — Lettres persanes, — le Temple de Gnide, — Dialogue de Sylla et d'Eucrate, — Essai sur le goût, — Œuvres diverses, — Lettres, — Table analytique.

Pascal (B.) : *Œuvres complètes.* 2 vol.

Tome I : Notice sur Pascal, — Vie de Pascal par Mme Périer, — Lettres à un Provincial, — Pensées, — Opuscules.

Tome II : Œuvres attribuées, — Traités divers de physique et de mathématiques, — Table analytique.

Racine (J.) : *Œuvres complètes.* 2 vol.

Tome I : Notice sur Racine, — Théâtre.

Tome II : Histoire de Port-Royal, — Fragments historiques, — Œuvres diverses, — Remarques sur l'Odyssée et sur Pindare, — Lettres.

Rousseau (J. J.) : *Œuvres complètes.* 8 vol.

Tome I : Notice sur J. J. Rousseau, — Discours, — les quatre premiers livres d'Émile.

Tome II : Fin d'Émile, — Économie politique, — Contrat social.

Tome III : Considérations sur le gouvernement de Pologne, — Lettres à Butta-Foco, — Projet de paix perpétuelle, — Polysynodie, — Julie ou la nouvelle Héloïse.

Tome IV : Mélanges, — Théâtre, — Poésies, — Botanique, — Musique.

Tome V : Dictionnaire de musique, — les Confessions.

Tome VI : Dialogues, — Rêveries, — Correspondance.

Tome VII et VIII, fin de la Correspondance, — Table analytique.

Saint-Simon (le duc de) : *Mémoires complets et authentiques* sur le siècle de Louis XIV et la Régence, collationnés sur le manuscrit original par M. Chéruel, et précédés d'une notice de M. Sainte-Beuve de l'Académie française. 13 vol.

Voltaire : *Œuvres complètes.* 25 vol. (sous presse).

III. CHEFS-D'ŒUVRE DES LITTÉRATURES MODERNES ÉTRANGÈRES.

(A 3 FR. 50 C. LE VOLUME.)

Byron (lord) : *Œuvres complètes*, traduites de l'anglais par *Benjamin Laroche*, quatre séries :
1re série : *Childe-Harold*. 1 vol.
2e série : *Poëmes*, 1 vol.
3e série : *Drames*, 1 vol.
4e série : *Don Juan*, 1 vol.

Dante : *La divine comédie*, traduite de l'italien par *P. A. Fiorentino*. 1 vol.

Ossian : Poëmes gaéliques recueillis par *Mac-Pherson*, traduits de l'anglais par *P. Christian*, et précédés de recherches sur Ossian et les Calédoniens. 1 vol.

Des traductions de Schiller, de Gœthe et de Shakspeare sont en préparation.

IV. BIBLIOTHÈQUE DES MEILLEURS ROMANS ÉTRANGERS.

(A 2 FRANCS LE VOLUME.)

Ainsworth (W. Harrisson) : *Abigail*, ou la cour de la reine Anne, roman historique traduit de l'anglais par M. Révoil. 1 vol.
— *Crichton*, roman traduit par Ch. Romey. 1 vol.
— *La Tour de Londres*, roman traduit par Éd. Scheffter. 1 vol.

Anonymes : *Whitefriars*, traduit de l'anglais par M. Éd. Scheffter. 1 vol.
— *Whitehall*, traduit de l'anglais, par M. Éd. Scheffter. 1 vol.
— *Paul Ferroll*, traduit de l'anglais par Mme H. Loreau. 2 vol.
— *Les pilleurs d'épaves*, traduits de l'anglais par Louis Sténio. 1 vol.
— *Violette*; — *Éléanor Raymond*. Imité de l'anglais par Old-Nick. 1 vol.

Beecher-Stowe (Mrs): *La case de l'oncle Tom*, traduit de l'anglais par Louis Énault. 1 vol.

Bulwer (sir Lytton) : *Œuvres*, traduites de l'anglais, avec l'autorisation de l'auteur, sous la direction de P. Lorain.

En vente :

— *Le Désavoué*, traduit par M. Corréard. 2 vol.
— *Les derniers jours de Pompéi*, traduits par M. Hippolyte Lucas. 1 vol.
— *Mémoires de Pisistrate Caxton*, traduits par Éd. Scheffter. 1 vol.
— *Paul Clifford*, traduit par M. Virgile Boileau. 2 vol.
— *Zanoni*, traduit par M. Sheldon. 1 vol.

Cervantès : *Don Quichotte*, traduit de l'espagnol par L. Viardot. 2 vol.
— *Nouvelles*, traduites par le même. 1 v.

Cummins (miss) : *L'allumeur de réverbères*, traduit de l'anglais par MM. Belin de Launay et Éd. Scheffter. 1 vol.
— *Mabel Vaughan*, traduite de l'anglais, avec l'autorisation de l'auteur, par Mme H. Loreau. 1 vol.

Currer-Bell (Mrs Brontë) : *Jane Eyre*, ou les Mémoires d'une institutrice, roman traduit de l'anglais, avec l'autorisation de l'auteur, par Mme Lesbazeilles-Souvestre. 1 vol.
— *Le professeur*, trad. avec l'autorisation de l'auteur, par Mme H. Loreau. 2 vol.
— *Shirley*, traduit par M. Ch. Romey. 1 v.

Dickens (Charles) : *Œuvres*, traduites de l'anglais, avec l'autorisation de l'auteur, sous la direction de P. Lorain.

En vente :

— *Barnabé Rudge*. 2 vol.
— *Bleak-House*. 2 vol.
— *Contes de Noël*. 1 vol.
— *David Copperfield*. 2 vol.
— *Dombey et fils*. 2 vol.
— *La petite Dorrit*. 3 vol.
— *Le magasin d'antiquités*. 2 vol.
— *Les temps difficiles*. 1 vol.
— *Nicolas Nickleby*. 2 vol.
— *Olivier Twist*. 1 vol.

— *Vie et aventures de Martin Chuzzlewit.* 2 vol.

Disraeli : *Sybil*, traduit de l'anglais, avec l'autorisation de l'auteur, par***. 1 vol.

Freytag (G.) : *Doit et avoir*, traduit de l'allemand, avec l'autorisation de l'auteur, par W. de Suckau. 2 vol.

Fullerton (lady) : *L'Oiseau du bon Dieu*, traduit de l'anglais par Mlle de Saint-Romain, et publié avec l'autorisation de l'auteur. 1 vol.

Fullon (S. W.) : *La comtesse de Mirandole*, roman anglais traduit par Ch. Roquette. 1 vol.

Gaskell (Mrs) : *OEuvres*, traduites de l'anglais, avec l'autorisation exclusive de l'auteur.

En vente :

— *Marie Barton*, traduite par Mlle Morel. 1 vol.

— *Nord et sud*, traduit par Mmes H. Loreau et H. de Lespine. 1 vol.

— *Ruth*, traduit par M.***. 1 vol.

Gerstäcker : *Les pirates du Mississipi*, traduits de l'allemand par B.-H. Révoil. 1 vol.

— *Les deux Convicts*, traduits par B.-H. Révoil. 1 vol.

Hackländer : *Boutique et comptoir*, traduit de l'allemand, avec l'autorisation de l'auteur, par Louis Sténio. 1 vol.

Hauff (Wilhem) : *Nouvelles*, traduites de l'allemand par A. Materne. 1 vol.

— *Lichtenstein*, traduit par MM. E. et H. de Suckau. 1 vol.

Hildreth : *L'esclave blanc*, nouvelle peinture de l'esclavage en Amérique, trad. de l'anglais par M. Mornand. 1 vol.

James : *Léonora d'Orco*, traduite de l'anglais, avec l'autorisation de l'auteur, par Mme de Morvan. 1 vol.

Lennep (J. Van) : *Les aventures de Ferdinand Huyck*, traduites du hollandais, avec l'autorisation de l'auteur, par M. Wocquier et D. Van Lennep. 1 vol.

Lever (Ch.) : *Harry Lorrequer*, traduit de l'anglais, avec l'autorisation de l'auteur, par M. Baudéan. 2 vol.

Ludwig (Otto) : *Entre ciel et terre*, traduit de l'allemand, avec l'autorisation de l'auteur, par A. Materne. 1 vol.

Marvel (Isaac) : *Le rêve de la vie*, roman anglais, traduit, avec l'autorisation de l'auteur, par Mme Mezzara. 1 vol.

Mayne-Reid : *La Quarteronne*, roman anglais traduit avec l'autorisation de l'auteur par L. Sténio. 1 vol.

Mügge (Th.) : *Afraja*, traduit de l'allemand, avec l'autorisation de l'auteur, par W. et E. de Suckau. 1 vol.

Smith (J. F.) : *Dick Tarleton*, traduit de l'anglais, avec l'autorisation de l'auteur, par Éd. Scheffter. 2 vol.

— *La femme et son maître*, traduit, avec l'autorisation de l'auteur, par M. ***. 3 vol.

Stephens (miss A. S.) : *Opulence et misère*, traduit de l'anglais par Mme Loreau. 1 vol.

Thackeray : *OEuvres*, traduites de l'anglais, avec l'autorisation de l'auteur.

En vente :

— *Henry Esmond*, traduit par Léon de Wailly. 1 vol.

— *Histoire de Pendennis*, traduite par Éd. Scheffter. 3 vol.

— *La foire aux vanités*, traduite par G. Guiffrey. 1 vol.

— *Le livre des Snobs*, traduit par G. Guiffrey. 1 vol.

— *Mémoires de Barry Lyndon*, traduits par Léon de Wailly.

Tourguéneff : *Scènes de la vie russe*, traduites du russe avec l'autorisation de l'auteur.

1re série, trad. par X. Marmier. 1 vol.
2e série, trad. par M. L. Viardot. 1 v.
Chaque série se vend séparément.

— *Mémoires d'un seigneur russe*, traduits par E. Charrière. 2e édition. 1 vol.

Trollope (Frances) : *La pupille*, roman anglais traduit par Mme Sara de La Fizelière. 1 vol.

Wilkie Collins : *Le secret*, roman anglais, traduit, avec l'autorisation de l'auteur, par Old-Nick. 1 vol.

Zschokke : *Le château d'Aarau*, traduit de l'allemand par W. de Suckau. 1 vol.

— *Contes suisses*, traduits par W. de Suckau. 1 vol.

V. CHEFS-D'ŒUVRE DES LITTÉRATURES ANCIENNES.

(A 3 FR. 50 C. LE VOLUME.)

Homère : *OEuvres complètes*, traduction nouvelle, suivie d'un Essai d'encyclopédie homérique, par M. *P. Giguet*. 4e édition. 1 vol.

Lucien : *OEuvres complètes*, traduction nouvelle, suivie d'une table analytique, par M. Talbot. 2 vol.

Tacite : *OEuvres complètes*, traduites en français avec une introduction et des notes par J. L. Burnouf. 1 volume.

Xénophon : *OEuvres complètes*, traduction nouvelle par M. Talbot. 2 vol.

L'*Histoire* d'Hérodote est en préparation.

VI. CHEFS-D'ŒUVRE DE LA PHILOSOPHIE ANCIENNE ET MODERNE.

(A 3 FR. 50 C. LE VOLUME.)

Bossuet : *OEuvres philosophiques*, comprenant les Traités de la connaissance de Dieu et de soi-même, et du Libre arbitre, la Logique, et le Traité des causes, publiées par M. de Lens. 1 vol.

Descartes, Bacon, Leibnitz, recueil contenant : 1° Discours de la Méthode; 2° Traduction nouvelle en français du *Novum organum* ; 3° Fragments de la Théodicée, avec des notes, par M. Lorquet, professeur de philosophie au lycée Saint-Louis. 1 vol.

Fénelon : *OEuvres philosophiques*, comprenant le Traité de l'Existence de Dieu, les lettres sur divers sujets de métaphysique, etc., publiées par M. Danton. 1 vol.

Nicole : *OEuvres philosophiques et morales*, comprenant un choix de ses essais et publiées avec des notes et une introduction, par M. Jourdain. 1 v.

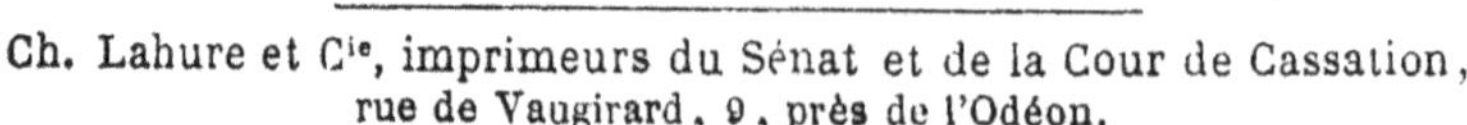
Ch. Lahure et Cie, imprimeurs du Sénat et de la Cour de Cassation,
rue de Vaugirard, 9, près de l'Odéon.

www.ingramcontent.com/pod-product-compliance
Lightning Source LLC
LaVergne TN
LVHW011956220826
846092LV00001B/193

* 9 7 8 2 3 2 9 8 1 3 0 1 1 *